唐代长安镇墓石研究

[日] 加地有定——著
翁建文 徐璐——译

《丝路·长安国际译丛》(第一辑)
主编 王双怀 高兵兵

陕西新华出版传媒集团
三秦出版社

图书在版编目（CIP）数据

唐代长安镇墓石研究 /（日）加地有定著 ；翁建文，徐璐译. — 西安 ：三秦出版社，2021.7
（丝路·长安国际译丛 / 王双怀，高兵兵主编. 第一辑）
ISBN 978-7-5518-2411-8

Ⅰ. ①唐… Ⅱ. ①加… ②高… Ⅲ. ①明器—研究—陕西—唐代 Ⅳ. ①K878.94

中国版本图书馆CIP数据核字(2021)第125615号

唐代长安镇墓石研究

[日] 加地有定 著 翁建文 徐璐 译

出版发行 陕西新华出版传媒集团 三秦出版社
社　　址 西安市雁塔区曲江新区登高路1388号
电　　话 (029) 81205236
邮政编码 710061

印　　刷 西安市金雅迪彩色印刷有限公司
开　　本 720mm×1020mm 1/16
印　　张 13.5
字　　数 188千字
版　　次 2021年 7月第1版 2021年 7月第1次印刷
标准书号 ISBN 978-7-5518-2411-8
定　　价 67.50元

网　　址 http://www.sqcbs.cn

《丝路·长安国际译丛》（第一辑）编委会

五方五精石

（镇墓石）

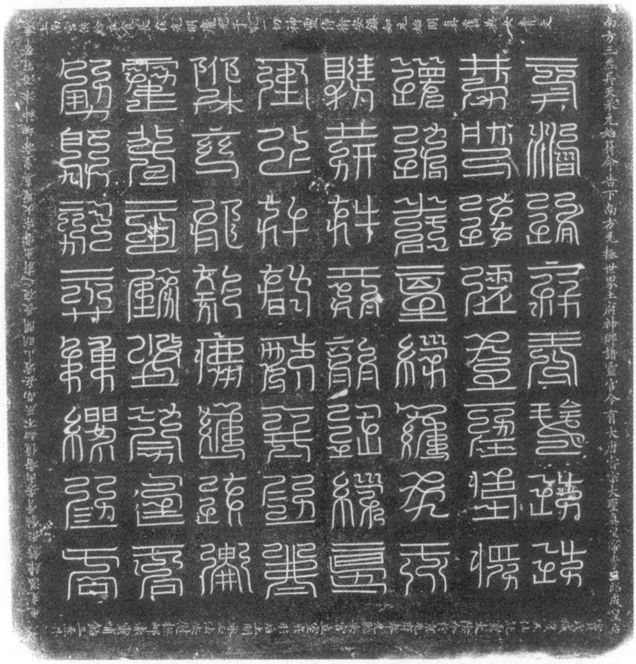

大唐睿宗大圣真皇帝李旦昭成皇后窦氏

（南方镇墓石拓本　著者藏）

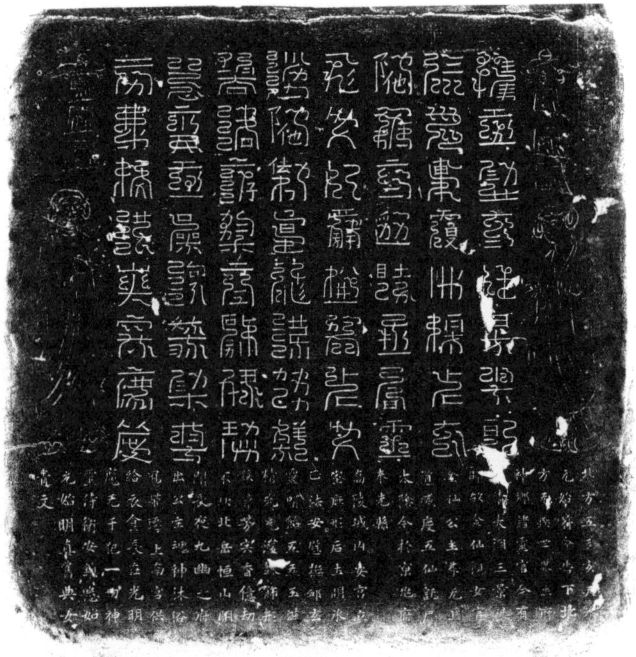

金仙公主北方镇墓石拓本(著者藏)

《丝路·长安国际译丛》序

由王双怀和高兵兵教授主编并由他们与徐璐、翁建文等西大学人分别担任译笔的《丝路·长安国际译丛》即将付梓，兵兵教授邀我写几句话。我对日语翻译及该领域在日本的研究现状都不懂，本应婉谢，之所以要说几句捧场的话，是因为以下三端：

首先是对高兵兵教授事业的支持。兵兵六年前从日本大阪大学获博士学位，学成归来，给她开出诱人待遇与条件的学术机构很多，兵兵选择了西北大学文学院，这对我校刚刚起步的对外汉语专业是一个很有力的支持。她在紧张的教学之余，很快调整工作状态，以适应国内的教学科研环境。先后推出一系列有关日本汉诗及汉文学研究的成果，而且主办了多场国际学术会议。由于她的成果突出，当时成了西北大学文科第一批通过特别评审晋升教授的归国人员，一时很引人关注。兵兵并没有满足于已经取得的成绩，几年前就吐露出要进行日本长安学研究翻译一事，并积极申报课题，一转眼已经有第一批成果问世，确实是值得祝贺的。

其次是给我提供先睹为快的机会。日本学界对该领域的研究状况我无法准确评判，但本辑中的几部著作如《长安的都市规划》（妹尾达彦著，高兵兵译）、《唐代长安镇墓石研究》（加地有定著，翁建文、徐璐译），仅从题目上我就特别喜欢。原著者在日本都是该领域的翘楚，很多年前我就拜读过妹尾教授研究唐代文人生活状况的大作，还多次引用过他关于白居易等文人在长安、洛阳等地居住的研究成果。印象中，妹尾先生与陕西学界联系较多，听说他曾师从著名史学家史念海先生。二十世纪八十年代中后期，我也在师大随霍松林先生读书，校园中曾多次见过他进行学术交流的海报，可惜当时忙忙碌碌，没有聆听并拜见，这次通过兵兵教授的翻译，比较系统地了解了妹尾先生关于长安都市规划的学术见解。几位日本学人的成果，所讨论的问题既深入又细致，既可以帮助我们了解该专题的学术前沿，又可以让我们略窥日本汉学学风之一斑。

再次是提供了长安学研究的“他者”视角。据我的不完全了解，国内关于长安的研究也正方兴未艾。仅以陕西学界而言，李炳武先生曾主持编辑皇皇十多册的《长安学丛书》，王军、陈学超先生曾以长安学申报西安市社科重大课题，并在陕西师范大学设立长安学的学位点。张新科先生主编《长安学研究》杂志，已经推出多期成果。陕西师范大学和西安文理学院都以长安学作为重点研究方向，特别是陕西师范大学将以长安研究作为申报协同创新研究平台的重要项目。可见长安研究已由原来荒寒冷僻的专家之学，变成今日各方关注的显学。海外的研究，特别是与中国文化关系密切的日本研究，也是一个重要的它山之石。国内特别是陕西学界不能忽视这个视角，以避免做低水平重复性的简单工作。高兵兵、徐璐、翁建文等学者的努力，无疑是在为这个领域做最基础的铺路垫石工作。由于目前的科研体制所限，重著述轻翻译，助推了浮躁的学风。故高兵兵和她的团队正在做的这项扎实工作，更值得学术界的肯定。

当然，翻译本身也有它的学术标准，董桥先生认为优秀的译作应该是原作者与译者的“门当户对”。故如何在遵守专业规范的同时使译笔更流畅准确，既符合原文的行文风格，又有清通畅达的汉语，确实有难度。本人没有过翻译实践，只是随意说说而已，说得多了就要出乖露丑了，就此打住。

2012 年 10 月 25 日

旅次渝州途中

总　序

长安曾是周、秦、汉、唐等中国最重要朝代的都城，是中华文化的根基所在。它曾是世界上最大的都市，地处中原腹地，东西贯通、南北交会、政经繁荣、文化灿烂，是世界各国、各族人民向往的地方。其发达、灿烂的文化对丝绸之路沿线以及整个世界都产生过巨大的影响。

“长安”不仅是一个城市、一个地名，它可以说是中国文化中一个重要的文化符号。近年来，随着中国国际地位的日益提升以及影响力的扩大，中国对自己的文化如何向外传播格外重视起来。鉴于古都长安在中国传统文化中的核心地位以及历史上曾经享有的国际地位，我们迫切需要了解古代长安文化对世界的影响。

古代长安所在的西安市，继作为国家西部大开发龙头城市之后，又被公认为世界遗产“丝绸之路”的起点，迎来了前所未有的发展契机。在这样的情况下，我们必须要以国际化的视野来重新审视西安的历史与未来。了解古代长安的国际影响，将对我们把西安建设成为国家中心城市起到重要的借鉴作用。

研究长安的国际影响，一方面需要了解长安文化在域外的传播及本土化过程，另一方面需要了解国外学界是如何研究长安的。

关于前者，近年来，丝绸之路的国际合作研究、遣唐使及东亚留学生的国际合作研究等已经蓬勃开展，像日本遣唐使井真成墓志、百济祢氏家族墓志的保存和研究等，使古代长安历史文化的研究上了一个新台阶。本人所在的西北大学，近年来在丝绸之路及东亚研究两方面都取得了丰硕的成果，如以井真成墓志的保存为契机的与日本专修大学的合作研究，已在中国和日本同时出版了论集《长安都市文化与朝鲜、日本》。

但关于后者，即国外学界研究长安文化的成果，却几乎都没有被介绍到国内来。如日本著名唐史学家石田幹之助（1891—1974）博士研究唐代长安文化的名著《长安之春》(1941)，自问世以来，在日本多次再版，经久不衰，该书既有翔实的考证，又充满着浪漫气息，可以说，就是这部书，让广大日本人民对古长安也对今天的西安心驰神往。这么重要的著作，在韩国似已有译本，但还没有中译本，这不能不说是长安文化研究的重要缺失。再如新一代的中国研究专家、专门从事中国都市史研究的妹尾达彦（1952—）博士的专著《长安的都市规划》，以新锐的全球化视角，把唐代长安城放到欧亚大陆及世界文明发展史中来重新审视；同时又从儒家文化的角度分析了唐长安城的结构，并与中国其他都城做了比较；他还以自己独特的视角，对唐长安城内的生活情境进行考查和描述，此书可谓是21世纪长安研究的代表作，具有很强的可读性，目前在日本市场已经售罄，该书在韩国也已经被翻译出版，而中译本还没有问世。

以上虽仅以日本为例，但可以见得，古代长安文化国际研究成果的引入，目前在国内还基本上处于空白。“它山之石，可以攻玉”，作为一个西安学者、一个古长安文化的后继者，我深感自己有责任传承和发扬长安的历史文化，更有责任将国际上研究长安文化的丰富成果在国内加以推介。

以上就是我们主编本套丛书的初衷。我相信，这项事业，将对今后西安地域文化发展、促进古代长安文化研究的国际化以及弘扬中华民族伟大传统精神，做出重要的贡献。

丝绸之路沿线及西方世界，历史上与长安交往的时间长短、层次范围均不相同，因此应不同对待。比起现代欧美诸国，东亚、中亚诸国与长安文化往来的历史较长，受长安所代表的中国文化的影响也要深远得多。在中亚、东亚诸国，研究长安文化就等于研究各国自身古代与中国的交流史，因此，这些国家在对长安文化的关注度上，以及有关长安的文献和当代研究成果方面，都要远远超出欧美各国。尤其是朝鲜、日本等东亚诸国，自古受到中国文化的全面影响，他们使用汉字，学习以儒家经典为核心的汉文典籍，接受儒、释、道等中国思想价值体系，与古代长安的交流广泛而深入，使节往来频繁。他们从都城长安带去当时最先进的中国文化，可以说，长安文化已经融入到他们自身的文化体系当中。

鉴于以上理由，本丛书将首先介绍东亚诸国对长安的研究。加之本人所学的专业及研究范围所限，第一阶段将主要集中在日本成果的推介，然后再扩大到朝鲜半岛以及世界各国。今后成果推介范围的扩大，还要依靠西北大学各相关学科和研究团队的加盟，以及国际合作研究的蓬勃开展。

本套丛书从策划到第一批译著问世，再到今日的再版修订，已过去了十年，其间，许多这方面的成果也陆续问世，如妹尾达彦继《长安的都市规划》后，又有《隋唐长安与东亚比较都城史》（中文版，西北大学出版社，2019 年）及《全球史》（日文版，中央大学出版部，2018 年）等新著，其他日、韩学者也不乏新著出现。我们一定再接再厉，期待着这套丛书今后能源源不断注入新的血液！

另外，本丛书并不局限于研究专著，只要是与长安历史文化相关的内容，我们都将广泛吸纳。以往已经在国内翻译出版的一些零散的译著，如有必要，我们也会重新组织翻译。国际上研究长安的优秀单篇论文，我们也会将其陆续以专题论文集的形式加以介绍。

本丛书的问世，离不开西安这块地域，离不开长安厚重的历史文化底蕴，离不开陕西强大的人文学科优势。在此谨对西北大学李浩教授和陕西师范大学杜文玉教授、王双怀教授等人的大力支持表示诚挚的感谢！本人除了编好这套丛书，无以为报。

本丛书选择由三秦出版社出版，也是有特殊缘由的。三秦出版社一直致力于古代长安丰富文献资源的发掘和最新长安研究成果的推介，与长安历史文化相关书籍的出版发行，非其莫属。再者，该社之前就已经出版过一些国际上与长安有关的译著了，如日本教师足立喜六的《长安史迹研究》、吉川幸次郎之子吉川忠夫的《秦始皇》等，这也让我自然而然地想到了三秦出版社。在此也感谢三秦社总编辑赵建黎先生、副总编辑贾云先生的信任和支持，希望这项事业结出累累硕果！

最后，期待广大读者能够喜欢这套丛书。

高兵兵

2021 年 7 月

于长安蜗居

写在中文版（修订版）出版之际

我的镇墓石研究始于“五方五精石”的读法。初见五方五精石，如何去读？在哪里断开？这些问题未能一眼就看明白。后来，历经数年，我写成了拙作《唐代长安镇墓石研究》，成为研究镇墓石的第一本专著。

作为一个日本人来研究中国的文物，与其说担心能否得到日本人的认可，倒不如说是否可以被中国人所接受，这是我更大的一个担心。

之后，很幸运的是在北京大学的《唐研究》第十二卷（2007 年 1 月）上，沈睿文先生写了书评，介绍了该书，也指出了几点不足之处。使我明白，在中国的这个领域，拙作在某种程度上有望得到大家的接受。

这次，我的拙作被选为“丝路·长安国际译丛”中的一册。这个项目的负责人高兵兵博士亲自告诉我这个消息，我感到十分荣幸。同时也让我获得更多中国的研究者、专家批评和指正的机会，在此表示感谢。

基于上述的介绍，也希望沈睿文先生的书评可以帮助更多读者理解此书，在此次中文版出版之际，恳请容许我转载沈睿文先生的书评作为本书的新序，在此对沈睿文先生表示衷心的感谢。

中文版第九章的一部分，我做了修订。把一些线条不鲜明的手制拓片换成了专家们拓制的拓片，并修正了说明文字。另外，置换了一些照片，添加了一些文字。书中引用的文献资料，图书名用书名号，在此特作说明。

最后，对于担当这次中文翻译的西北大学翁建文老师、徐璐老师致以真诚的感谢。

加地有定

2012 年 8 月于西安记

序

走出围城，结识了许多海外的朋友，有金发碧眼的“老外”，也有久居异域的同胞，有博古通今的文人，也有精明强干的商家。然而尤其令人钦佩的是日本碑石家加地有定先生。

我与加地先生相识很晚，且纯属偶然。那是八年前他来华访问时。一天，我的朋友翁建文女士，约我去皇城宾馆拜会她的忘年交加地有定先生。我们如约在他的房间相聚，只见加地先生中等身材，穿一套咖啡色休闲套装。说话语调舒缓，温文尔雅，丰神落落，大有学究风度。我们三人寒暄几句，便无拘无束侃起来，从他的业余爱好，到西安百年沧桑，聊得十分坦诚，大有一见如故、相识恨晚的感觉。

加地先生一家两代人都对中国文化情有独钟。其父加地哲定（1890—1972）日本京都大学汉语专业毕业后，来华留学，攻读中国文学，学成归国任高野山大学校长。与此同时，他皈依佛门，修真言宗，为高野山真言宗大僧正，著《中国佛教文学研究》，是日本有知名度的汉学家、佛学家。他遍游中国，弘扬佛法，一度是段祺瑞家的座上客。加地有定先生受父亲的影响，依然喜欢汉学，攻研中国古代碑石史，迷上了道教。尽管他大学学习的专业是经济地理学，也曾任日本的石油精制会社情报信息中心的董事长，但他的业余爱好仍是中国文化，锲而不舍寻找唐代碑石，且数十年如一日，刻苦钻研。

值得一书的是，年逾古稀的加地先生对自己的业余爱好十分执着。自他退休后，先后十三次来华访问，年年来西安，在西安周边地区的道观如华山玉泉院、仙姑观、楼观台、重阳宫、八仙庵、蒲城桥陵（唐睿宗女儿金仙公主曾在华山仙宫观修道，死后陪葬桥陵）等地都留下了加地先生的足迹。

应该补充一句，加地先生的道教研究，不追求怪异的创新，也不追逐世俗流派，不急于求成，也无意于名世。他只是以坦荡的襟怀，日以学道而自喜。所以在他的理念中，倒有一种空阔、遐远的崇高境界，令人荡气回肠，怡情飞举。

与加地先生相识八年有余，承蒙先生不弃，要我为他的大作写序，我不但非常乐意，且深感荣幸，仅怀此情，是为序。

韩养民

2004 年于西北大学新村

中国唐代镇墓石的研究：死者的再生与昆仑山的升仙（代序）

中国传统社会的丧葬活动可分成“虚”“实”两大部分。“实”的复原主要仰仗考古发掘工作，但是，在实际工作中，墓地地面建筑或祭祀遗迹多被忽视，考古所及并非“实”之全部。“虚”的重构则要更多地依赖于文献。在众多的随葬品中，也有若干种类给我们提供了一个极佳的穿梭于“虚”“实”之间的桥梁。正是借助于此，我们可以看到所谓“虚”的“实”质。镇墓石便是其中极其重要的一个类目。

一般认为，镇墓石是始见于唐代墓葬的一种随葬物品。镇墓石共有五方，其颜色各对应一个五方色，在墓域（室）中依照方色对应的方位摆放。如何来理解它的出现以及在丧葬中所承担的功能？加地有定所撰《唐代长安镇墓石研究》便是一部试图对此解答的专著，其副标题“死者的再生和往昆仑山的升仙”直接道出了作者对镇墓石的基本认识。

本书的序由西北大学历史系教授韩养民所作，梗要介绍了作者数十年来专心收集，研究中国古代碑石史、道教史，并多次来访中国，亲历有关史迹现场的学术经历。

正文共分九章，依次为：第一章，镇墓石概述；第二章，关于镇墓石的墓主；第三章，刻在镇墓石上的内容；第四章，尝试解读镇文；第五章，各墓主的镇墓石和镇文（集录）；第六章，被杀者镇文的改变；第七章，探讨镇墓石与黄箓斋的关联性；第八章，隐含于镇墓石中的昆仑山升仙信仰；第九章，刻于镇墓石盖顶的坟墓装饰线刻画。

《后记》中，作者介绍了研究镇墓石的缘起，并提出若干遗留问题，诸如昆仑山思想、墓主和镇墓石方位的关系以及镇文中央的灵篆文字等。下面着重介绍本书的正文部分。

墓志、墓券（买地券）、镇墓瓶、镇墓石是中国古代墓葬所独有的随葬品，其中镇墓石出现于唐代前半期，流行至宋代。在第一章中，作者先后介绍了镇墓石的特征、16座唐宋墓葬中出土镇墓石的情况、墓主人身份等方面。通过对墓主人身份的分析，作者认为镇墓石的墓主人经历了一个从皇族、外戚（唐代）扩大到庶民（宋代）的过程。换言之，镇墓石的使用经历了一个从社会上层到下层的普及过程。同时，他认为唐代使用镇墓石跟墓主人的异常死亡密切相关，是道教仪式的残留物。但是，从目前的考古材料来看，在葬俗方面，我们不仅要认识到从社会上层到下层的普及过程，如镇墓石；同时也要注意到从社会下层向上层渗透的现象，伏听俑便是一个例子。

结合11位镇墓石主人的生平、政治生命及其亡后不同政府处理丧事的方式，第二章向我们展示了镇墓石的不同功能，如用于冥婚的镇魂仪礼、祝愿死者再生仙界永生以及镇魂祈求冥福等等。资料收集详备，且都能跟当时的政治和社会状况紧密联系，置于后者的背景之下阐述。其中墓主人生前从事的宗教活动，特别是跟道教有关的行为成为作者关注的焦点之一。如，对金仙公主生卒年、葬年、法号以及出家经过，乃至房山云居寺之金仙公主塔，等等，都成为重点考察对象。这些墓主人或为道士，或为早夭、非正常死亡如毒杀，让我们对处于社会和政治动荡漩涡中心的李唐皇族、外戚的生存状态有了更深一步的了解。特别是武周革命和“安史之乱”对生命个体的冲击更为我们展示了尽管在相同、不同的社会、政治背景下，不同生命个体的命运是相同的，但其表现形式却不尽相同。在本章末尾，还全文移录阿史那忠镇墓石内容，以论证该石的功能正是其24个方位的镇墓文末尾所言的“保佑存亡安稳”。

第三、四章是有关镇墓文的讨论。在第三章中，首先，作者介绍镇墓文跟道教经典《太上洞玄灵宝灭度五炼生尸妙经》（下简称《五炼经》）的关系；接着探讨了三十二天即东方八天、南方八天、西方八天、北方八天所对应的“大梵隐语”以及黄帝中元天文，认为目的都是救济亡魂、祈愿亡魂升仙。作者还具体列举、阐释《五炼经》中所载西方镇墓文。在将四方镇墓石跟天界重层构造相配置后，讨论黄帝中元天文时，作者将它跟墓室的穹隆顶以及天象图结合起来考察，让人耳目一新，亦颇具启发意义。在第四章中，作者将镇墓文分成前段·太阴和后段·天府，即地下冥府和天界再生（长生）两大部分。接着仍以西方镇墓石镇墓文为例，释读词语、文句。在此我们再补充一点，北周甄鸾《笑道论·五炼生尸》条不仅记载了女青文的内容，而且表明《五炼经》影响墓葬习俗至迟在北周时期便已出现，其中的五枚五色石应该便是五方镇墓石的前身。“通夜露埋，深三尺”的埋葬仪式，表明五色石的埋藏地点不应在墓室之中，很可能是在被考古发掘所忽视的茔域四围——这正是目前鲜有发现的原因。从茔域四围到墓室四方，我们可以发现北周以来该葬仪的变化。其实，西安、洛阳的东汉墓葬便流行以镇墓瓶随葬，瓶中放置五石——曾青、矾石、丹砂、磁石以及雄黄，并顺次对应东、西、南、北以及中央的方位在墓室中放置。若从长时段考察，唐代镇墓石恐与此风不无关系。

一如标题所言，第五章是对10座唐墓以及2座宋墓所出镇墓石镇墓文的集录。作者不仅订正了原始录文的讹误处，而且还对若干文字作了简要的注释。从作者辑录的唐墓镇墓文看，其格式基本一致，都在镇墓文中具体点明墓主人以及墓葬的所在地。但是，倘若比较一下唐宋镇墓文，则不难发现二者的格式已经发生了变化。

实际上，因为墓主政治生命以及遭遇的不同，在唐代镇墓文内部也存在着些微的差别。正是措辞的这些微小差别，使得我们有可能解读措辞与墓主生命的密切关系。这正是第六章所要探讨的内容。作者通过表格（128页表4）详细比较了第五章列举的10座唐墓镇墓文与经典的不同点，这种不同点主要表现在先后两度处理墓主某甲的异同以及太阴托尸/托质/托灵表述的差异等三个方面。值得推崇的是，作者将这种不同点跟墓主人生命的终结方式结合起来。这种处理方式，使得作者的研究意图一目了然。其后，作者紧紧抓住墓主人的死状和最后埋葬时尸体的状态，探讨酆王妃崔氏、梁王武三思、昭成皇后窦氏以及韦湑和唐中宗等5座唐墓镇墓文与"太阴托尸"的经典表述不同的原因，深入发掘"太阴托质/托灵"与祈愿亡者朽骨再生复活、生前伤病痊愈的对应关系，认为由此也反映出送葬者的心情。

地狱观念是直接跟丧葬形式、墓葬建制，特别是随葬品的种类与摆放密切关联的。唐代文学作品中有不少描述地狱世界，较宗教经典从更为世俗的角度为我们展示了当时构建的地狱世界。这两者共同为我们架构了一个活生生的情感现实。正是在这一背景之下，在第七章中，作者认为镇墓文与道教斋醮相似，其法力的核心便是前述"大梵隐语"。在道教众多的斋醮之中，五炼斋是为死亡的道士修设的，以期其魂神升天。金仙公主、李道士皆为道士，故知其墓葬所出镇墓石可能跟举行此类斋醮有关。黄箓斋是道教有关死者礼仪的代表，有着救济死者和保佑生者的双重作用。作者认为异常死亡的鄖王妃崔氏、武三思、昭成皇后窦氏、韦湑、韦洞以及唐中宗等六人的镇墓石可从这个角度来理解。接着，又以西方镇墓文为例与黄箓斋的仪礼做进一步的比较。在表5（139页）中，镇墓文被分割成与黄箓斋仪相对应的三个部分。于此，作者再度引用北周甄鸾《笑道论》"五炼经"条所言葬仪之后，认为《五炼经》和黄箓斋的关系极其密切。在此基础上，作者总结镇墓文是一种救济死者和生者的"表里世界"相通的葬送仪礼。

第八章应该是本书的另一个主题，作者探讨的是镇墓石中隐藏的昆仑山的升天信仰。他认为解救亡灵于地狱、升仙以及再生长生是镇墓文与黄箓斋祈愿的三个共同主题。昆仑山是古代中国人所描写的死后世界，作者认为昆仑山的形状、属性与道教三十六天说相符合。由于镇墓石赖以存在的《度人经》和《五炼经》所属道教灵宝经系的地域性与楚文化圈有着密切关系，长沙马王堆一号汉墓帛画"升仙图"便自然成为本书进一步考察的切入点。作者将帛画自下而上分成地下世界、人间世界和昆仑山仙界以及天上世界等四个部分，并以表格（148页表6）表现帛画"升仙图"与《度人经》以及镇文的关系，从帛画"升仙图"中剥离出19个与后二者相关联的元素。接着，作者着重探讨昆仑山和道教天界说的相关性。通过对《淮南子》《水经注》和《十洲记》的引述，作者为我们描绘了昆仑山的属性和形态。实际上，呈现在我们面前的道教三十六天（参看 88 页图）与佛教三十六天有着诸多的相似乃至共性，这个现象无疑寓示着释、道二教错综复杂的关系。遗憾的是，在随后的梳理道教天界形成时（第八章 150 页），该现象没能得到足够的重视。接着，作者又以表格（151 页表 7、155 页表 8）比较了昆仑山与道教三十六天说的相似性以及与镇文内容的对应关系。在此基础上，帛画“升仙图”被自下而上分成三个三角地带，并直接与昆仑山对应起来，主题表现的正是救济死者、升仙与永生。作者认为三层构造贯穿着古代中国人死后的世界观，此在昆仑山和道教天界说中也不例外。昆仑山和《灵宝经》有着共通的宗教的世界观以及冥界观念，马王堆帛画“升仙图”则反映了遥远的有关昆仑的宗教萌芽。在本章的最后单元，作者还比较了佛教须弥山和昆仑山及道教天界说。要之，作者在本章主要通过论述昆仑山与道教三十六天的相似性，并由此推论出镇墓石中隐藏昆仑山的升仙信仰。但是，如果从同一文化的整体性来讲，发生昆仑山与道教天界说的相似性更多地是文化传承关系使然，二者亦非唯一绝对重合的不同表达，遂由此得出上述推论似乎有些轻率，论述稍显薄弱。

长期以来，墓葬中装饰的动物、畏兽的名称和功能一直未有定论。在第九章中，作者对此做了有益的尝试。根据上文的思路，他试图命名昭成皇后窦氏和金仙公主墓的相关装饰，进而探讨镇墓石盖顶坟墓装饰线刻画的功能。在论证过程中，能注意到汉、六朝帛画、壁画材料。

从上可见，作者于本书倾力对镇墓石的功能进行诠释，这是需要我们学习、汲取的。功能的探讨在考古学研究中极其重要。相信功能研究的介入，将有可能使目前考古学研究的范式发生某种变化，如所谓类型学研究定式将不得不面临重新思考。同时，对功能的探讨也将加深考古学研究的深度，使考古学研究真正有可能跟政治史、社会史有机地结合起来，这是等级制度研究罕能触及的领域。换言之，这将扩大考古学研究的视野，摆脱其自言自语的尴尬现状。

此外，本书行文言简意赅，便于读者阅读。在论述时采取表格的方式，从而使得问题的论证更为简明扼要；更为难得的是，本书图文并茂，其中多幅插图为作者自家收藏品和摄影作品。

不过，本书也存在可探讨之处。如，镇墓石在唐代集中出土于皇室及其外戚的墓葬之中，除了作者所言具体原因之外，恐怕还跟唐王朝宗奉道教不无关系。本书最为遗憾的是对已有相关研究关注不够。如，有关唐代文学作品中地狱观念的研究成果、马王堆汉墓帛画的研究成果、篆文书体在道教中的作用等等，特别是镇墓石的研究成果都没能有机地被吸纳。如，李子春《唐武三思之镇墓石》（《人文杂志》1958 年 2 期，109 页、87 页），徐苹芳《唐宋墓葬中的“明器神煞”与“墓仪”制度——读〈大汉原陵秘藏经〉札记》（《考古》1963 年 2 期，95 页），张勋燎《川西宋墓和陕西、河南唐墓出土镇墓文石刻之研究——道教考古专题研究之三》（《南方民族考古》第 5 辑，成都：四川科学技术出版社，1993 年，119—148 页），等等。这极大地削弱了本书论点的充分性。

另外，可能是囿于本书主题所致，本书不见引用唐以后的有关文献，如北宋仁宗时期的《地理新书》卷一四《镇墓法》对镇墓便有专门之叙述：

> 镇墓古法，有以竹为六尺弓度之者，亦有用尺量者。今但以五色石镇之，于冢堂内东北角安青石，东南角安赤石，西南角安白石，西北角安黑石，中央安黄石，皆须完净，大小等，不限轻重。置讫，当中央黄石南祝之，曰：“五星入北，神精保祐。岁星居左，太白居右。荧惑在前，辰星立后。镇星守中，辟除殃咎。妖异灾变，五星摄授。亡人安宁，生者福寿。急急如律令！”（僧）泓师去：“凡葬，墓中用豆黄完净者一斗，及钱纸五百张安于墓内。吉，更多此数，尤佳。”

移录于此，以备考察唐宋镇墓之变化。这里顺便说一下，唐墓中随葬的塔式罐，在墓葬中同样起着镇墓的作用，亦即其功能跟镇墓石别无二致，唯一不同的是它源自佛教因素。在唐墓中，塔式罐的随葬显然较镇墓石更为普遍。两种不同来源的随葬品却承担着相同的镇墓功能，发人深思。对此，另拟专文讨论。

最后，我们还需要思考的一个话题是：如何认识、解读墓葬中出现的跟宗教有关的因素？这是事关认识度、理解宗教与中国民间信仰之间关系的问题。马克斯·韦伯认为："许许多多无法估量的礼节上束缚、陪伴着中国人的一生：从胎儿阶段一直到死的祭祀。……一部分的礼仪显然起源于巫术，尤其是来源于消灾的巫术。另一部分则来自道教与民间佛教。这两种宗教在民众的日常生活中留下了非常深刻的痕迹。不过也还有大量纯粹民俗、礼仪性质的遗习保留下来。"（洪天富译《儒教与道教》，南京：江苏人民出版社，1997 年，263 页）换言之，宗教、神话、巫术、民俗、礼制/制度等元素共同构成了中国传统社会的民间信仰，丧葬行为只是这个体系的物化之一而已。在这个信仰系统里面，原先道教、佛教以一种新的逻辑和前述其他元素重新组合在一起，遂与原本的宗教形态形成一种游离状态，即不可再以原先的道教或佛教视之，恐怕这才是认识中国传统社会民间信仰应有之立场。若以这个角度来看待墓葬资料中所谓道教、佛教因子，便可豁然开朗了。这种状况在唐皇室的丧葬中也不例外，如咸通十一年（870）八月同昌公主薨，出殡之日，礼仪甚盛，懿宗"敕紫尼（尼姑）及女道士为侍从，引翼焚升霄降灵之香，而击归天紫金之磬"（唐·苏鹗《杜阳杂编》卷下）。次年五月，懿宗幸安国寺，又赐讲经僧沉香高坐（《唐会要》卷二七《行幸》条）；同昌公主除丧后，伶官李可及于安国寺作菩萨蛮舞，如佛降生（《旧唐书》卷一七七《曹确传》）。此上种种应该都是懿宗为同昌公主冀追冥福，正如同他以仙音烛赐安国寺的目的一样（宋·陶谷《清异录》郑下《仙音烛》条）。从同昌公主的丧葬事宜我们可见传统社会的民间信仰糅合释道之一斑。由此推论，亦宜将镇墓石置于唐代社会民间信仰的系统之中来认识，而不应将它从中剥离出来，仅将它局限于道教的范畴，尽管它的确为后者的元素。因为我们相信镇墓石只是该系统中整个丧葬活动的一个单元而已。进言之，在丧葬行为中，它们有的更直接与堪舆术发生关系。如，上文所言镇墓石便是一个典型的事例。又如，高克从（大中二年，848 年）等唐墓中发现的佛顶尊胜陀罗尼经幢（陕西省文物管理委员会《陕西所见的唐代经幢》，《文物》1959 年第 8 期，29—30 页），依《大汉原陵秘葬经 · 庶人幢碣仪制》条所言便是为了使“亡者生天界，生者安吉大富贵”的阴阳术（前揭徐苹芳文，99—100 页）。可见，释道的某些元素确已被融汇成传统社会堪舆术的一个环节，实不宜再以原先之宗教形态视之。

目前，墓葬制度研究的是社会权力等秩，反映的是皇权在墓葬领域的整饬行为。倘要进一步理解丧葬行为，乃至社会各层的思想观念和生存状态，便与传统社会的民间信仰有着不可或分的关系。如何由“实”看到“虚”的实体？如何发掘“虚”的实体？这是一个已在考古学研究日程的课题。

沈睿文

原载于北京大学《唐研究》第十二卷　2007 年 1 月

目　　录

第一章　镇墓石概述

——与其他随葬品的不同性质及其宗教性

一、中国道教史中的历史遗产

众所周知，中国古代的坟墓里多有贵重的陪葬品。在这些陪葬品中，有些是叫作“文字资料”的物品，包括“墓志”（把已故之人的经历等刻在石头上埋起来的东西）和“墓券”（刻着墓地买卖契约等内容而埋起来的东西）等。由于这些“文字资料”是用汉字书写的，现代人也能读懂。暂且不论诸如甲骨文等早期文字，此后的文字，唐代广泛使用的异体字，稍有点知识便可辨认出来。现代人之所以能读懂古代文字，是因为汉字具有世界上其他文字所不具有的特征，有亘古通今的连贯性。

因此，关于“文字资料”的学术研究取得了多方面的成果。特别是墓志，具有很高的学术研究价值，在很多方面能补充中国史料的内容。另外，因为墓志上保留着对当时政治、文化、经济、地理、历史等方面的珍贵记录，所以历来很受重视。

“墓券”，后汉之后才开始盛行，是在古代的民间信仰、迷信的基础上，为确保墓地而虚设的契约（幽契），又名“买地券”。甚至带有保护死者安全、镇灵、祈祷子孙兴旺的一种咒术性质，也称之为“镇墓券”。“镇墓瓶”（直接在瓶上写字而埋起来的东西）亦与此类似。

以上所说的这些中国独有的墓葬习俗一直延续到清朝末期。实际上还有一种不为人所知的“文字资料”，就是“镇墓石”。“镇墓石”的出土实例极少，而且其埋葬的时期有限（在唐代前期和宋代）。于是，镇墓石虽然是确凿的“文字资料”，至今却很少成为人们研究的对象。

其理由有三：

一、带有神秘性的符箓文（也称灵篆、秘篆文，用近似于篆体的特有的道教书体书写的文章）构成镇墓石的主要文章。这是特殊的文字，一般不易辨识，让人难以接近。

二、虽另有一种楷书字体的文章，却是咒术用语的罗列，基本上没有关于墓主的记述。

三、出土很少。

基于上述原因，从而被认为其历史、社会方面的史料价值很低。另外，也因自公布出土信息以来仅有五六十年时间，中国也几乎没有见到这方面的研究成果。不仅如此，中国各地的历史博物馆的研究人员中也有很多人未曾见过镇墓石（陕西省社会科学院宗教研究所副所长张应超先生讲）。与“墓志”比起来，镇墓石的研究显得稍逊一筹，被人轻视。“墓志”本来就是为了让后人解读而写的（墓志的目的之一就是当墓地荒废或遭遇洪水等灾害时，让人们可以辨认墓主是什么人），而镇墓石完全没有这种目的，它是基于道教信仰为死者所制作的东西，将镇墓石埋入墓中本身就是墓葬仪礼，这便是其意义所在。

镇墓石是在墓前举行的一系列道教宗教仪式的遗留物，这些仪式由道士根据道教经典来执行。它与其他陪葬品在性质、目的方面有着根本的差异。它以“救赎死者”为目的，依靠巫术进行祈愿；把死灵从冥府中解放出来，让其上升到仙界，在光明的天上界得以永生。镇墓石上刻有表述那些目的的咒文，因而比起其他的陪葬品来，它更有浓厚的神秘色彩。

因此，研究镇墓石的方法不应与研究墓志的方法一样，而应在道教信仰的基础上，从墓葬仪礼的视角来分析。它的确是一级道教史料，是中国道教史上宝贵的历史遗产。

然而，由于刻在镇墓石上的咒文内容和宗教相关，所以令人难以理解。而且，即使理解了，也无法知晓把它埋在那座墓冢里的原因，也没有可让人明白其理由及背景的记述，因此我们知道它不是普通的陪葬品而是非常复杂的遗物。

无论怎样深入思考并研究其内容，最终都要归结于对道教经典的研究，否则无法掌握镇墓石的本来面目。因此问题的关键在于把它埋在了谁的坟墓里这一点上。出土例为数较少这个事实，可以反过来说，少数的人，即那些特定的人都是什么人？专心搜集出土的镇墓石，并将其墓主一一排列在记，做横向的比较并类型化，就可以看出隐含在那些镇墓石内部的共通之处了。

在所集的墓主中有：

- 被武则天秘密杀害的唐玄宗皇帝之母
- 在流放地被惨杀的唐中宗的皇后之母
- 在中宗时期，被皇太子所杀的武三思（武则天的异母兄之子）
- 被自己的皇后毒杀的唐第四代皇帝中宗

在确定了姓名的十人中，如上述史上留名的非正常死亡者就有七人之多。由此可见，镇墓石并非仅仅是作为厚葬时的陪葬品，它应该有镇守死者冤魂的特殊目的吧。

如此想来，在这镇墓石的背后，围绕墓主而展开的各种纠纷以及人生经历都活生生地复活起来。

这样，为了很好地了解镇墓石，我们必须正视道教经典和信仰。但另一方面的研究也非常重要，那就是“墓主对送葬者”即“死者对生者”这具有对立性的两者之间鲜活而又复杂的人类心情方面的研究。

如果前者是正面的宗教论的话，那么后者可以说是其背后的人性论吧。人性论看似是次要的，但这一视点非常重要，否则，就不能明白究竟是何原因要在坟墓里埋入镇墓石，其中隐含了镇墓石本质的东西。在此意义上，前者是对于“经典的研究”，后者则侧重于“镇墓石的研究”。也就是说，虽然镇墓石的确是为死者而埋的，那应该注意的与其说是墓主，倒不如说是与墓主对峙的埋藏镇墓石的送葬者的心情，送葬人才应该是实际意义上的主人公。研究镇墓石时，这种想法是必要的。

因此，我想在本书中采取以下视角来思考镇墓石，对其性质、目的、功能、送葬人的心情等进行探求。

- 镇墓石的墓主与送葬人之间的心情关系（墓主死亡情况及亡灵的抚慰，回避怨灵作祟）
- 道教信仰及道教经典与镇墓石之间的关系
- 镇墓石与道教斋醮（用于祈愿的一系列仪礼）之间的关系
- 镇墓石与昆仑山升仙信仰之间的关系

二、镇墓石的外观与特征

首先镇墓石是什么呢？下面是一例实物。

照片1　镇墓石的实例

唐金仙公主北方镇墓石（开元二十四年葬）拓本的照片（著者藏）

左右有线刻女人画像，但这是例外，通常没有画

这个镇墓石的墓主是唐玄宗皇帝的胞妹金仙公主（开元二十年卒，二十四年葬）。

◇所刻内容

①符箓文（上方的神秘文字）
②镇文（下方的楷体文字）
由以上两方面构成，皆为咒文。

◇镇墓石的形状（外形、构成）

多与墓志形式相同，正方形，由底石和盖石组成。（参照下图）

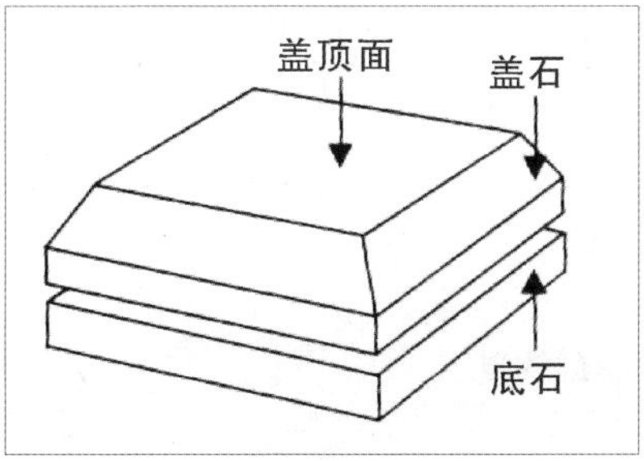

（此图为原著扫描）

墓志的形制

下面的石头叫作“底”，此平石上刻有志文。为了保护该面，上面再放一块石头，叫“盖”，盖顶刻着墓志的标题

◇盖石上刻写的东西

盖顶（盖石的上面）上刻有标题，另外，也有不刻标题、只有神兽等线刻画的情况，内容不定。

◇镇墓石的数目

在墓主为一个人的坟墓里，最多埋五合（一组底与盖称为一合），都按规定埋在墓域的五个方位（墓区的东西南北各一方，中央有一方）。据此，它的正式名称为“五方五精石”，镇墓石是其通称。但也不一定五方都有，只在其中一个方位或两个方位有的情况很多，照片里的金仙公主墓里只有北方镇墓石一合。

三、迄今出土的镇墓石一览表

在看各个镇墓石之前，通过下列表格（表1）看看迄今为止都出土过何人的镇墓石。

由于中国没有正式出版过关于镇墓石的系统研究成果，这张表是由著者根据各种资料及在出土地所建博物馆内进行的实地参观总结出来的。

与墓志相比，出土的镇墓石数量很少。既有著者疏漏的情况，也存在有出土物却没有公布的情况。（例：任何地方都没有记载金仙公主镇墓石的情况）

如表1所示，镇墓石的朝代只限于唐、北宋、南宋时期。

表 1　根据资料所得镇墓石一览表(笔者制作)

编号	时代	墓主名(性别)	出土方位					盖(有无)	下葬年份	陵墓所在	墓主死亡年份	收藏馆	所收资料	A:纵 B:横 C:厚
			青	丹	黄	素	玄							
1	唐	*注1 鄄王妃崔 出土年份不详 (女)				西	北	不详	景龙二年(708)十一月	万年县洪固乡(长安南郊)	武周如意元年(692)	陕西省西安碑林(西方石)、西安长安博物馆(北方石)	《隋唐五代墓志汇编》陕西卷第二册、《西安碑林全集》卷九十三(西方石)	A:54cm B:54cm
2	唐	梁王(武三思) 出土年份不详 (男)		南				有	景龙元年(707)十一月	顺陵陪葬(咸阳北原)	神龙三年(707)七月	原石亡佚(陕西省咸阳博物馆藏有照片)	《唐武三思之镇墓石》(《人文杂志》1958年2期)、《咸阳碑石》(陕西金石文献汇集)	A:56cm B:56cm
3	唐	怀道 出土年份不详 (男)			中央			不详	不详	延陵乡(咸阳北原)	不详	陕西省咸阳博物馆	《咸阳碑石》(陕西金石文献汇集)	A:39cm B:39cm C:10cm

续表

编号	时代	墓主名（性别）	出土方位					盖（有无）	下葬年份	陵墓所在	墓主死亡年份	收藏馆	所收资料	A:纵 B:横 C:厚
			青	丹	黄	素	玄							
4	唐	昭成皇后窦氏 1943年—不详（女）		南		西		有	开元四年（716）十月	蒲城县桥陵合葬	武周长寿二年（693）一月	陕西省蒲城县博物馆	《唐桥陵勘察记》（《考古与文物》1980年4期）	A:73cm B:73cm C:15cm
5	唐	金仙公主 1974年出土（不详）（女）					北	有（推定）	开元二十四年（736）七月	蒲城县桥陵合葬	开元二十年（732）五月	陕西省蒲城县博物馆（墓志、底和盖均收藏）	无发掘发表记载	A:55cm B:55cm
6	唐	寿王第六女清源县主 1958年出土（女）	东	南	中央	西	北	有	至德三载（758）二月	咸宁县洪原乡少陵原	至德二载（757）十月	陕西省西安碑林（墓志、底和盖均收藏）	《西安南郊庞留村的唐墓》（《文物参考资料》1958年10期）	A:25cm B:25cm

续表

编号	时代	墓主名（性别）	出土方位					盖（有无）	下葬年份	陵墓所在	墓主死亡年份	收藏馆	所收资料	A:纵 B:横 C:厚
			青	丹	黄	素	玄							
7	唐	＊注2 女道士李 出土年份不详（女）				西		不详	不详	东京河南县界（洛阳）	不详	不详（北京图书馆＝藏有拓本）	《隋唐五代墓志汇编》河南卷	A:29cm B:27cm
8	唐	不明（拓片）			中央			不详	不详	不详	不详	不详	《道家金石略》（198页）、《匋斋藏石记》卷三七	不详
9	唐	不明（拓片）					北	不详	不详	不详	不详	不详		不详
10	唐	＊注3（四枚拓片）北京拓片（墓主不明）原石出土年份不详		南	中央	西	北	不详	不详	不详	不详	现为中国国家博物馆	《中国历史博物馆馆刊》15—16、《中国符咒文化大观》	不详

续表

编号	时代	墓主名（性别）	出土方位					盖（有无）	下葬年份	陵墓所在	墓主死亡年份	收藏馆	所收资料	A:纵 B:横 C:厚
			青	丹	黄	素	玄							
11	北宋	张确夫妇（合葬）1984 年成都东郊出土		南	中央		北	无	元祐八年（1093）	四川省成都市成华区	元丰四年（1081）夫人杜氏：元祐五年（1090）	不详	《成都东郊北宋张确夫妇墓》（《文物》1990 年 3 期）	A:40cm B:40cm C:4cm
12	南宋	王宜人夫妇（合葬）1955 年成都外东跳蹬河出土	东	南	中央	西	北	无	绍兴二年（1132）二月	四川省成都外	不详	不详	《成都外东跳蹬河发现宋代墓葬》（《考古通讯》1956 年 6 期）	A:32cm B:30cm
13	唐	韦滑 中央、东方；20 世纪 80 年代中期西方；2003 年出土（男）	东		中央	西		有	不详	万年县鄠国乡	不详	陕西省西安长安博物馆（西方石）、陕西省考古研究院（中央、东方石）	未发表	A:54cm B:53cm

续表

编号	时代	墓主名（性别）	出土方位					盖（有无）	下葬年份	陵墓所在	墓主死亡年份	收藏馆	所收资料	A:纵 B:横 C:厚
			青	丹	黄	素	玄							
14	唐	韦泂 20世纪80年代中期出土（男）			中央			不详	景龙二年（708）十一月	韦曲北塬（韦氏家族墓地）	如意元年（692）三月	陕西省考古研究院	未发表	不详
15	唐	中宗孝和皇帝 20世纪后期（男）	东		中央			不详	景云元年（710）十一月	富平县定陵	景龙四年（710）六月	陕西省富平县文管部门	《关于定陵陵制的几个新因素》（《考古与文物》2003年1期）	A:64cm B:64cm C:20cm
16	唐	*注4 不明（只有符箓文）出土年份不详			中央			不详	不详	韦曲北塬（韦氏家族墓地）	不详	陕西省西安长安博物馆	未发表	A:46cm B:46cm C:9.5cm

另外，成都地区出土了许多北宋、南宋的符箓文石刻类，这里不详加介绍。

表1 镇墓石一览表注解：

＊注1　鄜王妃崔

● 西方镇墓石

西安碑林的“藏石细目墓志清单”（1997）中，写着“唐，出土时地不详，1952年张伯英捐”，可知这是由私人收藏后捐献出来的。因此，出土时间等资料就不清楚。在《隋唐五代墓志汇编》（陕西卷第二册）里记载为“唐光化（898—901）间葬”，这是错误的。从先前西安碑林的收藏品清单看，这个镇墓石记录在唐光化二年（899）之后，所以从顺序来看，也许《隋唐五代墓志汇编》中的年代记录错了。（西安碑林没有展出）

● 北方镇墓石（未发表）

现在，由西安长安博物馆（前身是长安县文物管理处）收藏，出土情况不详。（馆内常设展示柜）

＊注2　女道士李

在《隋唐五代墓志汇编》（河南卷）中写着“唐代葬，河南省安阳市出土”。另一方面，从镇墓石上所刻葬地“东京河南县界”可得知是出自唐代的洛阳，上边写的出土地为“安阳市”，是“洛阳市”的笔误。

＊注3　北京拓片

北京拓片共有四张，在刘晓明的《中国符咒文化大观》（百花洲文艺出版社，1999年）里，说此四张拓片所表示的都是同一个墓主，而在王育成的《唐宋道教秘篆文释例》（《中国历史博物馆馆刊》15—16，文物出版社，1991年）中，有这四张拓片的插图，以此看来，墓主应该不止一人，应为多人。（见照片2）

①与鄴王妃崔西方镇墓石为同一物

②灵宝黄帝炼度五仙安灵镇神中元天文

③灵宝黑帝炼度五仙安灵镇神五气天文

④灵宝赤帝炼度五仙安灵镇神三气天文

照片2　北京拓片（四枚）

《中国历史博物馆馆刊》15—16 所收

除①以外，其他都没有镇文，只刻着各个方位的符篆文（灵篆）而已。

四张北京拓片的详细内容：

		方位	对应镇墓石一览表中的东西
①	北京拓片	西	与表1中1号鄆王妃崔的西方为同一物
②	北京拓片	中央	有表1中8号的可能性，不详
③	北京拓片	北	有表1中9号的可能性，不详
④	北京拓片	南	无对应

这与镇墓石一览表中的条目，可以找到重合部分。判断是否同为一物，像①那样有镇文的话，就可以知道墓主名号。没有镇文，可以通过灵篆的书体比较、拓片尺寸、标题文字来判断。例如，②的“灵宝黄帝練度五仙安灵镇神中元天文”的“練”字，写成“煉”，或“鍊”字，比较这之间的区别可以作为参考，但这些详细情况由于没有完整资料，所以仅凭这个条件不能判断这些镇墓石的异同。

＊注4　表1第16号

西安长安博物馆藏。

仅有中央符篆文，共4行，每行4个字，共16个字。虽未刻标题，但在符篆文的左右两侧线刻有道士的立像。这样的形式与金仙公主的镇墓石的左右刻有女人像的方法非常类似。

出土情况不明，但据说是与鄆王妃崔在同一时期同一地区出土的。（该博物馆的馆长穆小军如是说）

但是，从镇墓石的设计（尺寸、无中央镇文等）方面看来，并不是崔氏的东西，而属于韦氏一族其他人的可能性很高。没有公开发表。（没有展出）

另外展出的有“怀道”“昭成皇后窦氏”“金仙公主”的镇墓石，可在各收藏博物馆内见到。（照片3、4）

照片3　咸阳博物馆墓志廊（著者摄）

怀道镇墓石（中央）

照片4　蒲城博物馆西石刻长廊南端（著者摄）

左上：昭成皇后窦氏镇墓石（西方）

右上：金仙公主镇墓石（北方）

下方是金仙公主墓志

四、唐代的墓主身份为皇族贵人

唐代镇墓石中有10人的镇墓石上记有墓主名号，而能确定出身背景的只有8人，其余2人身份是由著者推定出的。从确定的这8人皆为唐宗室的皇族外戚看来，其余2人也有可能同样是皇亲贵族。

我将这些人以唐朝谱系图绘制为表2。从该图看，自中宗复位后到肃宗时期的约五十年间，大约有9人，而剩下的1人可能是数十年后文宗或武宗时期的人。

中宗时期	武三思（707）、武怀道（推定） 鄎王妃崔（708）、韦泂（708）、韦浻（709?）
睿宗时期	唐第四代皇帝中宗（710）
玄宗时期	昭成皇后窦氏（716）、金仙公主（736）
肃宗时期	寿王第六女清源县主（758）
文宗（或武宗）时期	女道士李（推定）

关于墓葬之地，除女道士李以外都集中在长安近郊。

著者认为最后一人偏离了时间段，有些不寻常，对于这一点接下来进行考查。

中宗—肃宗时期的镇墓石都是符箓文与镇文刻在同一石头上的形式。符箓文与镇文的布局、设计以及盖石上所刻内容各不相同，这是由于当时镇墓石的样式还未确定所致。

时间向后推移到了文宗时期，符箓文与镇文分离开来，分别刻在不同的石头上，石头的尺寸也缩小了。以女道士李的情况而言，只刻有镇文，是石长29厘米、宽27厘米的小型石材，其刻字形式与墓志类似。墓主不明的三个“北京拓片”与镇墓石一览表中的“16不明”，都只刻有符箓文而已。镇文与符箓文虽分离，但这些墓主是那时期的唐朝皇族外戚的可能性依然很高。这样想，对于女道士李就不会有不自然的感觉了。

如此，最初为墓主一个人埋葬多个方位的镇墓石，到后期变成一个方位，只有符箓文或镇文而已。

到宋代，镇墓石变成了石板状，没有盖子，所刻内容也发生了极大改变，也有可能为民间的平民阶层广泛运用。关于这一点后文再做详细讨论，可以推定为上述镇墓石的时代变迁。

表 2　唐室关系图中镇墓石的墓主（李氏、武氏、韦氏）（著者制作）

● 印所示为墓主　◎ 推定　①—⑦ 是皇位顺序

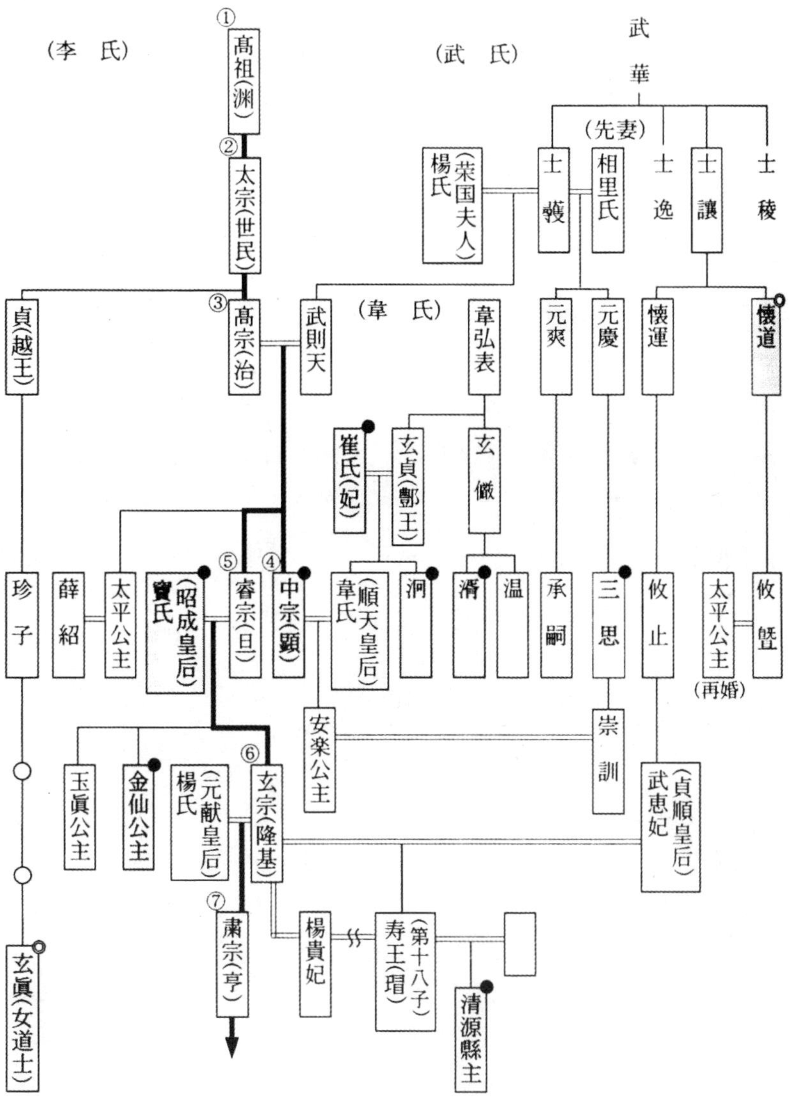

（此图为原著扫描）

五、镇墓石与异常死亡、作祟之间的关联性

综上所述，唐代的墓主都是唐王朝的皇族外戚，但是，也不是说这类人都有镇墓石。那么，为什么只有特定的人才埋葬镇墓石呢？这样想来，镇墓石不仅仅是单纯厚葬时的陪葬品，应该还存在一些别的、特殊的目的和意味吧。

这与先前记述的镇墓石乃墓前一系列宗教仪式的遗留物，有着很大的关联。可以推定，与这些墓主的“死法”也有着密不可分的关系。总之是针对异常死亡，人们可能认为需要以特殊的宗教来回应吧。所谓异常死亡，是指被杀、客死他乡、事故、夭折之类。先前所看的墓主中，被杀之人占多数，也许就是基于这些原因吧。镇墓石都集中在特定的时期，大概是由于受到当时的皇帝、宫廷道士的影响。

像这样把镇墓石与异常死亡、宗教祭祀联系起来思考，自然就会浮现出这样的想法：镇墓石莫非就是为了“避讳亡灵作祟”而举行的仪礼？祭祀死者的仪礼也是自古以来道教斋醮（以祈愿的成就为目的的仪礼）的主题。也许埋镇墓石并不全是为了回避作祟，但这对于接下来思考镇墓石，的确是一个重要的视点。

六、宋代的平民化——内容的改变

坟墓里埋藏陪葬品，根据墓主的身份，明确规定了种类、尺寸、数量、放置方位等。这在徐苹芳《唐宋墓葬中的“明器神煞”（注 1）与“墓仪”（注 2）制度——读〈大汉原陵秘葬经〉札记》（《考古》1963 年 2 期）中有所研究。

注 1　明器神煞：与随葬明器、阴阳迷信相关的遗物

注 2　墓仪：墓区的地面建筑和平面布局

所引用的张景文《大汉原陵秘葬经》，推定为金元时期的作品，其内

容记载了很多古代丧葬习俗。

这部《大汉原陵秘葬经》中的《明器神煞篇》记载着将向大家介绍的镇墓石，即“五方五精石”。

据此，墓主的身份分为天子、亲王、公侯卿相、大夫以下庶人，各个墓区的平面图都清楚地显示出了各种随葬品的名称、尺寸、方位布局等。(图1)

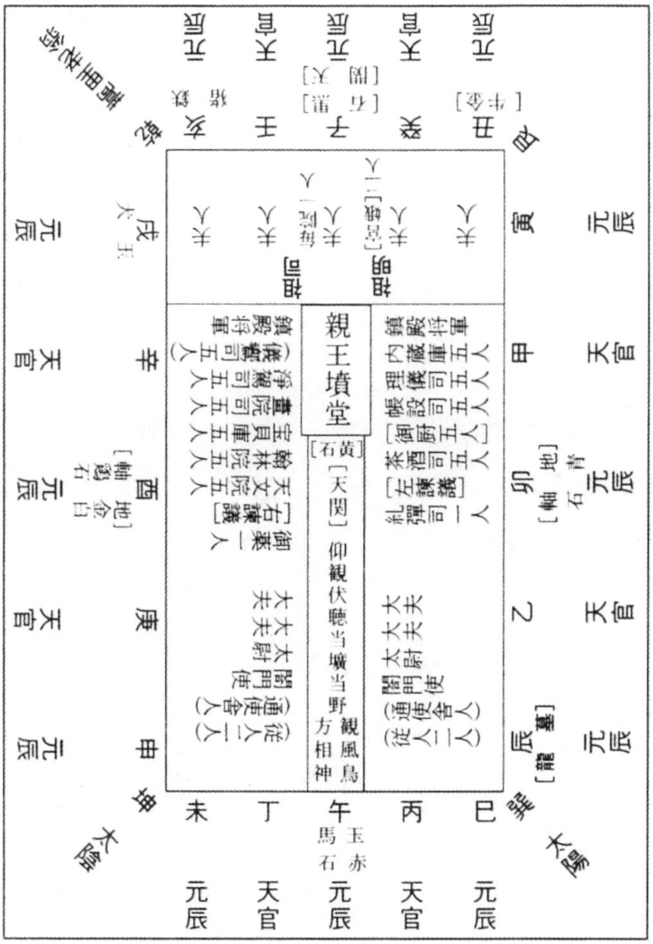

图1　明器神煞方位图　亲王坟堂之例

（《考古》1963年2期所收）

（此图为原著扫描）

其中一处记载，五方五精石埋于公侯卿相、大夫以下庶人的墓中。另外，徐苹芳认为，在墓中放置镇墓石这样的习俗相当古老，并举出前面一览表中所罗列的武三思和寿王第六女清源县主等例，未列出比此更早的东西，反过来可理解为唐中宗时期是镇墓石出现的初期。或许中宗时期有什么契机开始制作并埋葬镇墓石吧。

此后，镇墓石上所刻内容也产生了变化，墓主的身份地位也向下层阶级流动。在《大汉原陵秘葬经》中仅记载“镇墓五方五精石，镇五方”，没有其他特别的记述。由于它与其他随葬品处理方式相同，因此，在撰写本文时，它似乎已经失去了特殊意义，被视为普通的随葬品。

从镇墓石一览表中所举的例子来看，四川省成都郊外的北宋、南宋时期的墓主没有显贵的地位，而且从内容上可以看出，镇墓石已变为墓券性质的东西了。

以上是对镇墓石的概述。可以看出，在多种陪葬品中，特别是在唐代，镇墓石在对象、目的、功能等方面，均为特殊之物。

另外，宋代的镇墓石与唐代的有着本质上的区别（对亡灵的安镇、祈愿子孙后代的繁荣），还出现了“五土之精”，这与唐代“五方五精石”完全不同。本书将主要探讨唐代的镇墓石。

第二章　关于镇墓石的墓主

——简单介绍及送葬人的心理等

接下来，将目光转向出土镇墓石的各个墓主，就下列问题进行概括。

• 墓主是什么人？还有他（她）当时的身份及阶层。

• 墓主是在什么时代背景下死亡的？

• 墓主是以何种方式死亡的？

• 墓主和埋葬他（她）的人（遗属）之间的关系、状况及埋葬人的心情。以上这些事项，是我们了解镇墓石性质的重要因素。

［墓主一览］

一	鄮王妃崔
二	梁王（武三思）
三	怀道
四	昭成皇后窦氏
五	金仙公主
六	寿王第六女清源县主
七	女道士李
八	韦湑
九	韦泂（包含在第一位“鄮王妃崔”中）
十	中宗孝和皇帝
十一	（附）阿史那忠

一、酆王妃崔

◇唐中宗皇后韦氏之母

根据镇文所刻，墓主为“顺天皇后先考酆王王妃崔”，墓地在“万年县洪固乡故里”。

“顺天皇后”是唐第四代皇帝中宗的皇后韦氏的尊号。这里的“先考酆王”是指韦氏的亡父（先考）酆王——韦玄贞，他的“王妃”即其生母崔氏。其墓地是当时长安南郊（现陕西省西安市南郊韦曲街道南里王村）的韦氏一族旧茔，这个地方作为韦皇后的家族墓地，先后于 1987 年和 1991 年，进行过两次发掘调查。（此节将对崔氏的第三个儿子即“九、韦洞”一并加以叙述）

韦氏家族墓出土宴饮图

◇韦后是 “武韦之祸” 中的一位

上面提到的中宗皇后韦后，是与武则天并称为“武韦之祸”的唐代女祸的代表人物之一，她们都严重扰乱了唐代政治。特别是韦后，虽然没有武则天那样的政治能力和手腕，但无比强烈的政治欲望让她毒杀了自己的丈夫中宗皇帝。她的私欲所带来的祸害，也祸及了她自己的双亲和年幼的兄弟姐妹们，甚至这些人死后，灾祸还要再次降临到他们头上（墓地被掘，坟丘被平），使他们不断地遭受痛苦。

本节所说的韦后的母亲崔氏，也是卷入那场灾难的人物之一。她在经历了无数苦难之后，最终在流放地惨遭杀害，含恨而死。具有讽刺意味的是，现在我们看到的崔氏的镇墓石，就是这一切灾祸的根源韦后，亲自为其制作和埋下的。

接下来，让我们了解一下事情的原委。

◇韦氏一族不幸的开始

嗣圣元年（684）正月，唐第四代皇帝中宗（李显）即位，太子妃韦氏当上了皇后，很快，她的私欲就表现出来了。无论哪个朝代，都会发生皇后提拔自己裙带者的事情，这也算不上是什么劣迹。但韦后太过浅薄和性急，不满自己的父亲韦玄贞仅任豫州（安徽）刺史这样一个地方长官，于是想要怂恿中宗，将其父提拔成中央长官——侍中（宰相）一职。据说中宗生来也是个昏庸之人，没有见机策划和遇事应变的才能，而且，这件事也遭到了当时的中书令裴炎的激烈反对。中宗由于气愤，说出了“朕可以把整个国家交与韦玄贞……”这样一句极不应该的话。这句失言触怒了母亲武则天，在位不满百日的中宗，以不具天子之器为由，被废除了帝位，贬为庐陵王。其全家也一起被流放到了房州（湖北），韦氏一族的不幸便由此开始了。韦玄贞立刻就被罢了官，同全家人一起被流放到了岭南的钦州（旧属广东地界，今属广西壮族自治区）。岭南距长安路途遥远，在大庾岭之南，那里被认为是“南蛮之地”，也就是异国的偏远之地。

人们也会把这两家的流放看作是武则天之祸，实际上这都是因韦后的私欲而起的祸端，是韦后和中宗缺乏头脑而致，是自作自受。在觊觎皇帝宝座的武则天看来，他们也许只是没有丝毫利用价值的绊脚石而已。

韦玄贞遭到流放不久，于光宅元年（684）死于流放地，留下妻子崔氏、四个年幼的儿子（洵、浩、洞、泚）和两个女儿。当地的蛮族酋长宁承基兄弟，欺侮这一群孤儿寡母，要求两个女儿作他们的小妾，但遭到了拒绝，于是就诛杀了崔氏和她的四个儿子。崔氏在流放地失去了丈夫又拖着六个孩子，每天过着担惊受怕的日子，又突然遭此无礼要求和麻烦事而命丧黄泉。假如什么事情都没有发生，还是在京城的话，他们应该处于一般庶民无法接近的地位；如果能免除刑罚回京的话，前途该是多么光明！想到这些，她这样死在这个地方，一定会觉得无比的遗憾吧……这是武周如意元年（692）发生在容州（广西北流县）的事情。

长子洵的墓志上写着“……春秋廿以如意元年三月十三日薨于钦州之旅馆……”；第三子洞的墓志上写着“……春秋一十有六以如意元年月日薨于容府……”［容府（州）即原来的钦州］

＊注：据以往对韦玄贞家族墓的调查，现已出土第九女、第十一女的墓志，但是有关其一家在岭南流放时期的详细情况，仅凭史料无从了解。

韦后的近亲关系图，参照后面第59页“韦湑”一节中的表3。

◇韦后复仇，一家归葬长安

不久，掌握大权的武则天也身心俱衰，神龙元年（705）宰相张柬之等人发起的“五王之变”迫使其退位，中宗复位，李氏唐朝再兴。随后，再次成为皇后的韦后，直接动用军队杀死岭南流放地的酋长一伙，得以报仇，并把他们的头颅放在崔氏的柩前祭陵，至此，积压多年的怨恨才得以发泄。但是，对韦后来说，这之后还有一件必须要做的大事，那就是无论如何也要让惨死他乡的父母及四个弟弟归葬长安故里。在中国，死在他乡的人是无论如何都要葬回故乡的，这是一项礼仪，是非常重要的事情，在当地埋葬只不过是一种临时行为。韦后为父母和四个弟弟实施了归葬，同时，这一行动也是为了显示她自己的权势。

韦后派父亲的哥哥韦玄俨，把她父母和四个弟弟的灵柩从岭南运回了长安。而且如韦洞墓志上所写“……仍迎置京邑，具礼改定止之日，百官陪列于青门之外，二圣亲幸长乐宫以过丧焉”。改葬之日，文武百官在青门外面列队，中宗和韦后登长乐宫，哭着目送葬列。

中宗对韦氏一家进行了追赠（死后赠予官位等）和追封（死后给予领土和爵位）。追赠其父玄贞为酆王、谥号（给死者的名字）献惠，称其父母的合葬墓为荣先陵。对其四个弟弟，长弟洵追为吏部尚书、汝南郡王；次弟浩追为太常卿、武陵郡王；三弟洞追为卫尉卿、淮阳郡王；四弟泚为太仆卿、上蔡郡主。四人均陪葬于其父母的荣先陵。这是景龙二年（708）十一月的事情。

现在这里所见酆王妃崔的镇墓石和其弟韦洞的镇墓石，都是改葬时制作并埋于墓中的。此外，四个弟弟都举行了冥婚（死后结婚），为夫妇合葬墓。韦后为母亲和弟弟们埋下镇墓石，还给弟弟们举行冥婚，这些事情都证明，她对这些人的亡灵有着特别的考虑，这点将在后文另作叙述。韦后到此为止所做的一切，并不坏，但是她接下来所发起的事件，大大扰乱了唐朝的历史，导致了亲人坟丘被再次掘开的悲惨结局。死后仍然得不到安息，坟墓被破坏，韦后到底做了什么事，才招致这样的结果呢？

＊注：四个弟弟中，只有三弟韦洞的墓冢出土了镇墓石。但不难想象，其他三人的墓中也应该有，不过这些墓已遭挖掘，镇墓石都已不知去向了。

◇“韦后之乱” 及韦氏一族的灭亡

中宗复位之后，韦后也效仿武则天开始干涉朝政。她不仅无视中宗，还与怀有政治野心的武三思私通，专横至极。其政权欲望膨胀到最后，发展到串通自己女儿安乐公主等人密谋将中宗毒死，企图掌握实权，立温王李重茂（中宗第四子殇帝）为帝，自己则觊觎太后的位置。

这时，中宗之弟、李旦的第三子李隆基（之后的玄宗）举兵，将韦后、安乐公主及其丈夫武延秀、韦后的亲信党羽、韦氏和武氏的宗族，不论长幼全部诛杀（问罪处死）。还特别把韦后和安乐公主的头颅挂在长安东市示众，并将韦后由皇后追废（死后废除其位）为庶人，安乐公主也被贬（降职）为悖逆庶人。在岭南复仇中大显身手的左羽林大将军、曾被封为汝南郡公的周仁轨，因为是韦后的母族，此次也被诛杀了。这一事变发生在景龙四年（710）六月。

虽说这一事件是韦后扰乱唐史之祸，但实质上已属于国家叛逆者的行为，于是，韦后父母及四个弟弟的坟墓，也成了攻击的对象。据正史（《新唐书》卷二〇六《外戚》）记载，这些坟墓在睿宗期和玄宗期两次被掘开，坟丘被平。父母的荣先陵和四个弟弟的坟墓，建于韦后极尽专横、最得意的时期，其超出常规的厚葬也为世人皆知。众人就是在这些背景之下才产生了极大的反感。

这样，由韦后发起的事变，招致其家族所有人员被诛杀。那么，即使韦玄贞夫妇和韦后的四个弟弟之前没有命丧岭南，而是在都城长安过着奢华的生活，也必将在此次政变中被诛杀。可以说，归根结底，由于这个女儿、这个姐姐的存在，这些人都逃不了遭此横祸的命运。不论是哪一次，对这些当事人来说，都同样会死得极其悲惨和委屈。

但事实上他们是死在了岭南，又由韦后将其厚葬于故乡。即使后来坟墓被毁，但韦后当时尽心尽力安抚了这些人的亡灵。那时，这些人的亡魂应该是得以安息了。韦后对其母亲崔氏，应该怀有深深的爱惜之情，这一点与埋镇墓石之间有间接的联系，著者会在后文继续探究。如果是被诛杀的，那肯定不会有如此郑重的送葬，也不会有这样的随葬品，镇魂也根本没有可能。从这个意义上来说，也许是他们不幸中的万幸吧。

◇逃避怨灵作祟

前面说到韦后对其母亲和四个弟弟的亡灵有着特别的考虑，下面对此事进行说明。

首先，这里没有她的父亲玄贞，到底是什么原因呢？问题在于其家人的死法。就是说，除了她父亲之外，其余人都是被杀的。其父之死在史书上没有明确记载，但可认为他不是死于非命而是自然死亡。韦后大概是害怕惨遭杀害的家人们的怨恨会针对她自己。

在父亲韦玄贞看来，即便是在流放地含恨而死，但因为整个事情的起源是女儿希望父亲出人头地，所以玄贞也是当事人。而且，他死在妻子和四个儿子被诛杀之前，所以他没有亲眼看到不幸的发生。由此看来，可能他完全不会对女儿有任何怨恨，而且这一点韦后也是清楚的。但其他家人的情况却完全不同，他们是受牵连而死于非命。尤其是四弟，只有十几岁，正值对未来充满希望的年纪，当然他母亲也对年轻儿子的未来抱着莫大的期望吧。韦后深切地感受到了自己留下的恩怨。对中宗来说也是一样，显然是由于自己的才智不足和笨拙造成的。

韦后和中宗不得不想办法应对这些怨灵（为消解怨恨而作祟的死灵），那就是为母亲和弟弟埋下镇墓石、为弟弟们举办冥婚等镇魂仪礼。这些行为包含着许多意义，而此时最大的目的就是从怨灵作祟的恐怖心理中逃脱。那么，镇墓石和冥婚的仪礼，到底是什么样的呢?

镇墓石是本书的主题，著者会在后文作正式论述。这里将简单介绍一下冥婚的仪礼。

在韦后的四个弟弟中，有墓志出土的是：大弟洵、三弟泂、四弟泚。

洵的情况在《新唐书》（卷一二三《萧至忠传》）中已有记载，说洵和萧至忠的殇女（年轻就死掉的女子）完成了冥婚。而且韦后之乱时，萧至忠怕灾祸会殃及自己，便把洵的坟墓掘开，转移了女儿的灵柩。从这一点也可以知道确有合葬之事。

洵的墓志，有下面两段关于冥婚的记载：

“……萧氏即银青光禄大夫行中书侍郎同中书门下三品监修国史上柱国鄚国公至忠之第三女也。”

“景龙二年十一月十四日合葬于京城南韦曲之旧茔。”

泂的墓志上也有：

“……乃冥婚太子家令清河崔道猷亡第四女为妃而会葬。”

泚的墓志上也有：

“……又下制，冥婚荥阳郑氏。”

由上述这些记载可以推测，次弟浩虽没有墓志出土，但他也应该是冥婚合葬。

那么，韦后在这些仪礼中寄托了什么呢？

第一，安抚还没有结婚就含恨而死的弟弟们的亡灵，出于镇魂目的而让他们死后结婚。这一方面是出于对死者的思念、爱惜之情，来祈求亡灵得以安息，另一方面也为了消除死者的灵威对生者做出某些事情，即作祟或降灾于人。韦后特别将重点放在后者，希望以此求得自身的幸福安全。

第二，为了将这些人正式埋葬于韦氏一族的陵园内。这是因为自古以来就有未成年者不能埋葬于祖坟的风俗习惯，那样的话亡魂将无处可归，无法得到安息。因此才为他们举办冥婚，作为“成人”埋入祖坟，这样就能够作为祖灵来祭祀了。另外，中国社会重视基于儒教伦理观的夫妇合葬，这也正是让夭亡者冥婚的另一个理由。所以，韦后自然也要给弟弟们进行冥婚、合葬。

第三，为了解决韦后所面临的迫切的、即关于她自己娘家的后嗣（继后之人）之事。诸如以上所述，韦玄贞全家的男子全部已经死亡，韦后的娘家面临着绝后的危机。所以可以认为，四个弟弟的拟制婚是为收养继子所做的前期准备。是否收养了继子，实际状况虽不得而知，但玄贞夫妇已死，没有人来养育继子，即使收养了继子，其最终的命运也会因韦后之乱而被诛杀。

韦后当时一定对上述第三个问题特别担心，当朝皇后的娘家面临绝后的危机。即便是普通百姓家，绝后也是一件非常严重的事情。然而，对韦后来说，除此之外也无法再做什么。如前文所述，对已故的全体家人尽到礼节送葬之后，韦后的注意力就渐渐从娘家转移开，开始为满足其政治野心而不遗余力。而且，从韦后之乱可以看出，她的激烈、急躁，以及短虑无谋，致使她最后走上自我毁灭的道路，并招致了韦氏一族的灭门之祸。

韦后被废除尊号贬为韦庶人，安乐公主被贬为悖逆庶人，两人都被枭首示众于长安东市。这也许正是韦后最害怕的那四个弟弟的怨灵作的祟吧。

◇“死神” 韦后给母亲的赠礼

从以上可以看出，韦后就像是“死神”转世，她不仅害死了双亲、同胞兄弟、亲生儿女、所有亲戚及身边相关的人，甚至还杀害了她的丈夫——唐朝的皇帝。她让身边所有的人都难逃死亡的命运。

不过，其母崔氏死亡时未看到女儿的最后下场。其墓中埋有镇墓石，至少也算是一种补偿，这是“死神”留下的唯一“赠礼”。坟墓虽然遭到了破坏，然而这个“礼物”却得以保存至今，并有幸呈现在我们面前。不禁让人觉得，“死神”的情念至今仍然存在于这石碑之中。

二、梁王（武三思）

◇武则天异母兄长之子

该镇墓石上仅刻有“大唐梁王”，指的是武则天异母兄长武元庆之子武三思，没有刻上名字也许是心有顾忌吧。武三思身后能有此镇墓石，此事本身足以让人吃惊，但若考虑到此乃发生于中宗年间之事，也就不难理解了。且墓址位于咸阳北原，是从武则天母亲杨氏之墓“顺陵”的陪葬墓中出土的。下葬时间为唐朝景龙元年（707）十一月。

武则天之母顺陵神道的石翁仲（著者摄）

武周王朝时，武三思是因其为武氏族人而被重用的佞臣（伶牙俐齿、谄媚的家臣）。武则天并不会仅仅因为与某人有血缘关系而任用他，她也从来不重视血缘关系，对她来说最重要的是此人有没有利用价值。武三思精通文史，且为人佞猾（善辩而狡诈），因此深得武则天恩宠。

武周政权前后的二十余年，就是一部激烈的李武斗争史（李氏与武氏的政权之争），李唐皇室及相关人员悉数遭到武则天的陷害和杀戮。

◇中宗统治时武氏势力图谋复活

神龙元年（705）中宗复位、李唐再兴之时，武三思理应在被杀之列。然而，中宗完全没有意识到李氏与武氏的政权之争，是一位甚至不知大权为何物的不明（糊涂）之君。他对忠臣提出的“应讨伐武氏残党”的忠告置之不理，反而重用那些武氏余党。武三思、武攸暨等人乘机而入，在李唐复兴中立功的正直之士反而接连遭到排斥，并被迫害致死。

武三思谋求武氏势力的彻底恢复，于是与素怀野心的中宗皇后韦氏也勾结在了一起。至此，中宗的复位很快便失去了其历史意义，不过短短数月，宫内就重新由武氏的势力来统治了。

《旧唐书》卷七十六《太宗诸子》载：“神龙初，侍中敬晖等以冲父子翊戴皇家，义存社稷，请复其官爵，武三思令昭容上官氏代中宗手诏不许。”即垂拱四年（688），李贞、李冲父子曾兴兵大举反旗，欲从武则天手中夺回唐朝社稷，为此武三思阻止恢复其官爵。神龙之初，中宗刚刚复位不久，武氏便已经拥有如此大的势力。因为这位天子，唐王朝又陷入了随时有可能被颠覆的境地，大唐王朝已似“风中之烛”，中宗却对此浑然不觉。武氏利用中宗之女安乐公主下嫁给了武三思之子武崇训这层关系，竭力加紧着扩充势力的步伐。在这样的形势下，武三思逐渐成为武氏势力的头目，甚至建立起了庞大的统治集团。

◇武三思被杀事件的发生

然而，事态突然向意想不到方向发展，唐朝的命脉因此得到了挽救，这就是“重俊太子事件”。

当时的皇太子重俊，是中宗的第三子，因其为后宫所生，动辄便会遭到韦皇后及其女儿安乐公主、武三思等人的疏远和欺辱。日积月累，太子内心自然忿忿不平。此次武三思更是与安乐公主合谋，欲废其太子之位，换立安乐公主为皇太女。其蛮横霸行彻底激怒了重俊，他以羽林兵、千骑兵诛杀了武三思、儿子武崇训及其党羽十余人，并且到后宫追杀韦皇后和安乐公主。中宗不明其中道理，不辨是非，将其当作逆贼，致太子兵败被杀。随后，辅佐太子的人也悉数被诛，并销除其户籍，他们的儿子也都被诛杀。据说中宗甚至把太子的首级拿来放在武三思父子的灵柩前祭奠，自己也休朝（天子休息，不理政务）五日，哀悼武三思之死。还追赠武三思为大尉，谥号宣。这是发生在神龙三年（707）七月的神龙政变。

经此事变，武氏的政治势力几乎被摧毁。成为寡妇的安乐公主，又改嫁给了已故武承嗣的儿子武延秀，但在政治上已彻底失势。曾经拥有很大权势的太平公主（中宗的妹妹），也下嫁给了武攸暨。有人认为这表明武氏仍然保留有强大的势力，但这只是婚姻之事，绝不意味着太平公主自身的政治归属。

与此相比，更大的问题是韦皇后和安乐公主，这一情况后来导致了中宗丧命。中宗在重俊太子事件中不辨忠奸，结果害自己丢了命，这就是景龙四年（710）六月发生的韦后毒杀中宗的事件，史称“韦后之乱”。（请参照第十小节“中宗孝和皇帝”）

武三思被陪葬在了武则天母亲杨氏的“顺陵”旁边，镇墓石上也仅有“今陪顺陵”。武三思父子之墓，是远远超出他们当时身份规定的厚葬。对于这件事，不用说朝廷里，就连皇族中也出现了严厉的批判意见。

唐朝刚刚复兴，便引起了政权的衰弱，其最大原因就是中宗重用武氏族人，这是显而易见的。而且，对武三思与韦皇后的私通，以及嫁给三思之子的安乐公主的专横跋扈，中宗都没有制止，这也对整个事件产生了很大影响。厚葬武三思父子，也是中宗听任了安乐公主等人的主意。所以对武三思厚葬的愤恨之中，也含有对她们的反感，同时也表达了对因讨伐武三思父子而被诛杀的重俊太子的镇魂之情。

◇镇墓石上为何没有武三思的名字

此镇墓石上所刻的“大唐梁王”指的是武三思，但封他为梁王是在武周政权之下，而并非“大唐”。那么，仍然刻有“大唐梁王”，说明是在武三思死后，中宗又特意重新封其为梁王的。（《新唐书》卷二〇六《武士蠖传》）

总之，中宗厚待武三思，对他的死感到可怜和惋惜，所以下令制造了镇墓石。中宗直到最后都未发觉，武三思实际上是对唐朝极其危险的一个人。但周围的人明白这一点，因此，他们一定非常疑惑，为什么要为武三思埋镇墓石。给随时图谋武氏再兴的武三思，打破先例放置镇墓石，我们该如何看待这件事呢？没有看出他是敌人的中宗，仅仅是单纯地将其作为厚葬的一个环节，只是为了祈愿“死者的再生及其在仙界的永生”吗？这是所有出土镇墓石中年代最早的一例，为何这个时候出现镇墓石这样的东西，目前无从知晓。（请参照本章末尾第 71 页的补记）

另一方面，负责制作镇墓石的官吏及宫廷道士们，在刻“武三思”这个名字的时候，也许有某种迟疑吧。这种左右为难的心理，稍后便成为一个现实问题，摆在了大家面前。

那是景云元年（710）六月，中宗驾崩、睿宗即位后不久的事情。武三思父子因叛逆而被追削其爵谥，掘墓斩棺，暴尸平坟（参照《资治通鉴》二〇九卷“景云元年六月”条，及其他诸史料）。从其墓如此迅速被掘这一情况来看，人们早就对武氏父子的优越境遇持批判态度了。如此一来，武氏一族的陵庙也被废除，坟墓也相继遭到了挖掘。

考虑到以上所说的历史背景，也就不难明白，为何镇墓石上没有武三思的名字了。

另外，因诛杀武三思父子而被贬为庶人的重俊太子，于睿宗景云元年（710）七月恢复爵位，被追谥为“节愍太子”，挽回了荣誉，陪葬于中宗的定陵旁。

据现在顺陵神道前“顺陵管理所”的人员讲，这些镇墓石并不是因学术考古挖掘而出土的，而是在当初坟墓被掘时就出土了，后被附近居民搬回了家，一直不为人知。1958 年，陕西省考古工作人员首次确认了它的存在，1962 年被移入咸阳博物馆收藏。不幸的是，之后又遭破坏、亡佚，现在仅存有一张胶卷底片了。

三、怀道

◇是否是太平公主的公公武怀道

该镇墓石上仅刻墓主为“怀道”。埋葬地是“延陵乡”，但这并不是西汉成帝“延陵”的陪葬墓。延陵所在的区域附近被称为延陵乡，在咸阳北原。收录着这块镇墓石的收录志《咸阳碑石》一书中，该石被划分在唐代，但据说石上并未刻明制石年代和墓主姓名。因此该石被题名为“延陵镇墓石”，但为何被分类在唐代，其依据便不得而知。

但确定的是，“怀道”就是墓主，是法号还是名字一时难以判断，但由于多数情况镇墓石上都会刻墓主姓名，此处的“怀道”也姑且可以认为是名字吧。那么，姓又是什么呢？

史料中可见两个“怀道”。

- 一是武怀道，太平公主再婚丈夫武攸暨的父亲。
- 二是阿史那怀道，其女于玄宗开元五年被立为金河公主（亦称交河公主），下嫁突骑施忠顺可汗苏禄为妻。（《旧唐书》卷一九四下《突厥下》及其他）

如果墓主是上面两人中的一个，那到底应该是哪一位呢？坟墓位于延陵乡，这里有武则天父亲的“昊陵”和母亲的“顺陵”，武三思的墓也陪葬在顺陵。由此推测，该墓的主人很可能也是武氏一族，即武怀道。

并且从能获得镇墓石这样的待遇来看，也很难认定它是突厥人阿史那怀道的坟墓，而应该是太平公主及武氏势力鼎盛之时的武怀道。

以上两人都是唐代的人，分类于唐代是没有问题的。《咸阳碑石》大概也是如此推断的，但缺少决定性的判断材料。出土时的情况不明，应该有墓志铭但也不知在何处。

◇与武三思的情况有类似之处

换一个角度来看，武三思的镇墓石上也没有名字。理由已在前面武三思一节里作过推测，此处的怀道也许与之有相似之处。可以认为，武氏坟墓被挖掘之际，怀道的镇墓石也露出了地面，被保存在了某个地方。这点也与武三思的情况相似，那么就可以认为，此人葬于复位后的中宗时期。

还有，即便墓主就是武怀道，其死亡时间及状况也不明确。武氏一族中的很多人，后来都被与武则天有私仇的人所杀，怀道有可能也是其中的一个。如果真是这样，就可以设想，此墓不是武则天活着的时候所立，而是在中宗复位以后，由太平公主所立。

＊注：从后面的章节中可以知道，被杀之人的镇墓石，都有一个特别之处。该石没有那个特别之处，故可推定墓主不是被杀的。

四、昭成皇后窦氏

◇被武则天秘密杀害的玄宗皇帝之母

该镇墓石上刻有“大唐睿宗大圣真皇帝李旦昭成皇后窦氏”，即唐朝第五代皇帝睿宗的皇后窦氏。“昭成皇后”是死后的追尊（死后提高身份而追赠之位），实际上她生前不是皇后。

桥陵神道西侧的石翁仲（著者摄）

睿宗和他哥哥中宗一样，也曾两次登上皇帝之位，且第一次都在母亲武则天操纵下被废除。睿宗第一次即位时的皇后是刘氏，当时窦氏是次于皇后的德妃（按唐代妃嫔制度，地位依次为皇后—贵妃—德妃……）。刘氏生长子成器（后来的宪）、长女寿昌公主、四女代国公主；窦氏生三子隆基（后来的玄宗）、八女金仙公主、九女玉真公主。但天授元年（690）武则天废其子睿宗建立武周政权之后，刘氏和窦氏的身份自然也被降格了，武则天是担心她们的不满会发展成皇位继承问题。武则天废除睿宗，并不是单纯的皇位交替，而是废掉了唐朝本身，并且当初也丝毫没有将政权还给李唐的意思。然而现实的情况是，她自己的儿子姓李（高宗李治之子），于是赐李旦（睿宗）武姓，并将其作为了“皇嗣”，但这绝不是为了将来让他继承皇位。所以，武则天有必要防止李旦后妃发泄不满。迄今为止，武则天已经将一切可能威胁自己的人悉数杀害，无一例外，这是她一生的铁定原则！这次也一样，原皇后刘氏和原德妃窦氏，二人同时被秘密地杀害了，事情发生在长寿二年（693）春正月，遗体下落不明。随后，武则天去试探睿宗的言行和下一步行动，睿宗则一直佯装“浑然不知状”，因为他终于明白了，如果声张起来，那下一个被杀的就是自己！武则天就是要杀了妨碍她的女人们，封住睿宗的口，她心中已丝毫没有母子之情了。世人对武则天的评价是阴险、残忍、执着、不妥协、头脑灵活，无数人被她的计谋所杀害，睿宗的两个后妃也不过是众多牺牲者中的极小部分而已。武则天指使其家奴告发这两个女人，说她们制作桐人（用桐木制作的俑）诅咒武则天，这是告密事件中的惯用套路。随后，此事牵连至窦氏的娘家。

窦氏出身名门，是唐高祖（李渊）窦皇后的曾孙女。她娘家的母亲庞氏被盯上了，家奴唆使庞氏对武则天行厌胜（诅咒）之术以除厄。为此，庞氏与三个儿子一起被流放到了岭南（《资治通鉴》卷二〇五）。唐律禁止诅咒、厌胜，违者要被处以斩刑，在这儿被当成了一个很好的口实。

武则天不仅会杀死她原本就打算杀的人，还把因这些人被杀而可能会加深对她反感的人也都杀掉或流放了。因为如果对那些人放任自流，那么自己的未来恐怕就会有危险，她是为了将这些斩断于萌芽状态。

◇遗体下落不明， 举行招魂葬

景龙四年（710）六月，中宗在韦后之乱中被毒死后，睿宗又复位了。睿宗一即位，就马上为先前被杀害的两名后妃举行了招魂葬。招魂葬，是为因战乱或水灾而死、遗体下落不明之人所施的葬法，在中国，自汉朝就在皇室、民间广为使用。第二年，刘氏被封为肃明顺圣皇后；窦氏因为是当时的太子李隆基的生母，而被追册（死后册立）为昭成顺圣皇后。

被武则天杀害的许多人的葬礼，当初都只是因陋就简草草进行的。武则天死后，他们都得以恢复荣誉，被重新隆重下葬。现在我们所知的懿德太子和永泰公主之例，就是其中之最。

《资治通鉴》（卷二〇八）“神龙元年二月”载：

> “武后所诛唐诸王、妃、主（公主）、驸马等皆无人葬埋，子孙或流窜岭表（南），或拘囚历年，或逃匿民间，为人佣保。至是，制州县求访其柩，以礼改葬，追复官爵，召其子孙，使之承袭。无子孙者，为择后置之。”

据上述记载，遭武则天杀害的人在下葬时，大家都畏惧武则天而没有人敢出头相助，所以遗体、灵柩大多下落不明了。

被韦后毒害的中宗，当年景云元年（710）冬十一月，睿宗将其葬于定陵。至于合葬的皇后，因当时韦后已经犯罪而被贬为庶人，故而选中了中宗英王时期的王妃赵氏。但赵氏由于父亲之罪连坐，遭武则天憎恨被打入大牢、惨遭杀害，连坟墓都不知道在什么地方。中宗复位那年曾追谥其为“恭皇后”，其父赵瓌也同时被追赠为左卫大将军。

《资治通鉴》（卷二一〇）“景云元年十一月”载：

> “朝议以韦后有罪，不应祔葬。追谥故英王妃赵氏曰和思顺圣皇后。求其瘞（墓），莫有知者。乃以袆衣（皇后的祭服）招魂，覆以夷衾（盖在尸体上的衣服），祔葬定陵。”

如此，赵氏在帝陵的寝宫，被招魂并合葬了，当然没有棺椁，仅仅是将皇后的袆衣下葬。被武则天杀害的大多数人，都采用了这样的招魂葬形式。对于他们的亲人来说，这种葬礼是非常痛心的。

◇两女出家，为母祈福

窦氏所生的两位公主，都在年轻时入道出家，做了女冠（女道士）。“金仙公主”“玉真公主”是在她们入道后改封的名字。据史料记载，睿宗即位后，“上以二女西城、隆昌公主为女官，以资天皇（高宗）太后（武则天）之福……”（《资治通鉴》卷二一〇），然而这种记载只不过是表面文章，并没有什么真实感。毕竟武则天害死了她们的母亲，对睿宗来说，他原来的皇后与德妃也都是被武则天所杀。

不知被杀之人的遗体在何处，也不能郑重吊唁，两位年幼的公主就这样被迫出了家，去为武则天祈福。这是为了让两人一辈子都不能结婚，成为牺牲品。

根据最近出土的金石资料（刻在石碑等上面的资料）来看，其实并不像史料记载的那样。两人出家是在不同时间，并且都是出于个人的意志（请参照下一节对金仙公主的叙述）。两人出家的动机，认为是为其生母窦氏镇魂、祈祷冥福，可能更自然一些。武则天当政时，各种权力抗争与残酷的政治阴谋，如恶浪翻涌，总是充斥着血腥味。这两位公主，从降生之日起，就一直生长在这样的世界，而且母亲被秘密杀害时，她们都还年幼，连母亲的容貌都不记得，更不记得感受过母爱的温暖。她们一定是无法割断对母亲的思念，同时也希望从血雨腥风的皇室纷争中自拔出来，才想到要投身于清净安宁的信仰世界中去的吧。

对她们的兄长玄宗来说，母亲的死亡事件，也同样是长久难以忘记之事。对这三兄妹来说，这是一生都挥之不去的心灵创伤，但他们却不能光明正大地说出来。

延和元年（712），睿宗复位仅仅两年就让位给了太子李隆基。自此，开创开元、天宝大唐盛世的玄宗皇帝正式登上了历史舞台。睿宗则崩于四年后的开元四年（716）。

◇玄宗为母埋下镇墓石

玄宗在安葬睿宗时遇到了一个难题，即两位皇后的合葬问题。根据史料（两《唐书》等）记载，先前睿宗在洛阳举行了招魂葬，追赠她们为"肃明顺圣皇后"和"昭成顺圣皇后"，并迁祔（迁到长安合葬）至桥陵。至于是如何安葬的，未有任何记载，至今也没有得到确认。不过，20 世纪 40 年代以后，虽然不属于学术性的挖掘，但是从桥陵自然出土了两合东西，就是这里所说的窦皇后镇墓石。

睿宗桥陵的陵园，设有东西南北四个门，镇墓石是从南门外和西门外出土的。本来，镇墓石（五方五精石）就该埋在墓区的五方（东南西北中央），那么中央镇墓石当然也应该在陵园里，因此可以确定，窦后是合葬在这里的。那么刘皇后呢？有人可能会想，没有出土的几个镇墓石上，可能就有肃明刘后的名字。但这种可能性很小，因为有观点认为，五方五精石是五方为一组，原则上只对应一位墓主。如果是两个人的话，中央镇墓石就该有两块。这从伦理上讲也很不妥当。

窦后是玄宗的母亲，在睿宗驾崩后被追尊为皇太后，神主（安放在祠里的牌位）也是在睿宗葬礼时（开元四年）一道被迁进太庙的。而刘皇后的神主，据两唐书记载，是开元二十年才迁到太庙的。因此也可以认为，刘皇后并未与睿宗合葬，而只是陪葬，但目前还没有证据出土来确认这一点。

◇无遗体之人镇墓石的罕见实例

虽说玄宗将亡母合葬在了桥陵，但那只是一个没有遗体和灵柩的招魂仪礼，他一定感到十分徒劳、遗憾和惋惜吧。

道教亡者仪礼的核心主题，在于死者的救济、再生和升仙，这里的镇墓石也是这种信仰的印证。玄宗也正是出于这样的心愿才立此镇墓石的吧。但是，玄宗面前有一堵难以跨越的墙，就是没有亡母的“尸”（尸体）。

按照让镇墓石死者再生复活的方法（咒法），尸体（或者朽骨）是必不可少的，没有尸体就不能再生、升仙。

不过，窦后的镇墓石，利用其灵魂的效力，很好地解决了这个难题。正如穷极智生这句话所说的那样，那是一种崭新的做法，其中饱含着玄宗对母亲的爱。（请参照第六章第五节“无‘尸’者不能再生”）

总之，窦皇后的镇墓石，是找不到尸骨时运用变通之术的一个宝贵实例。玄宗既然能够如此在经典文本上下工夫进行变通，那么对于先前提到的肃明刘后，很可能也用了某种好办法，将她葬在了陵园内。

昭成皇后的镇墓石，与其他出土的同类镇墓石相比，要大得多，也气派得多。镇墓石并不是为了给人看的，但这两块不愧是玄宗皇帝为其母亲所造，属于镇墓石中特别秀逸之作。（图2）

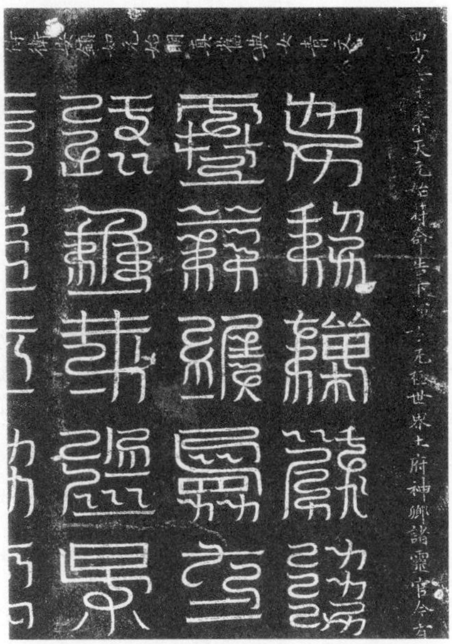

图2　昭成皇后窦氏西方镇墓石

拓本/开头部分（著者藏）

五、金仙公主

◇唐玄宗皇帝的同母胞妹

该镇墓石上刻有“[上]清大洞三景法师故金仙观女官金仙公主李无上道”，姓名作李无上道。另外，其墓志中也有“公主讳无上道”，两者是一致的。（讳——死后所说生前实名）

金仙公主，是唐第五代皇帝睿宗的第八女，生母是德妃窦氏，玄宗皇帝是其同母兄长，玉真公主（第九女）是她的同母妹妹（《旧唐书》卷五十一《昭成皇后窦氏传》）。上清大洞三景法师，是道教道士中最高级别的称号。墓志文中无此号，碑文亦有缺字，其他地方也都未见记载。

金仙公主墓地现状（著者摄）

这两姐妹都在年轻时入道出家，金仙、玉真是出家后改封的名字。两人都行事活跃，在历史上留下了名字。但史传中错误很多，所以下面著者将依据近年出土的金石资料，对此做一简单整理。

*注：这两位公主，作为姊妹女冠（亦作女官），历史闻名。所以本节的叙述，也将同时涉及金仙和玉真两个人。

◇公主的生卒年、出家时间及详情等

1. 睿宗的第八女

《新唐书》卷八三《诸帝公主》中，有睿宗十一位公主的传记，金仙公主名列其中第九。但是以前就有人指出，其中的第三女荆山公主与第七女鄎国公主是同一个人，有所重复，应该将四女以下依次上提（岑仲勉《唐史馀瀋》卷一）。

1974年出土的金仙公主墓志，作“今上之第八妹”（今上指玄宗）。由此可知金仙公主是第八女，玉真公主是第九女。之前岑仲勉的说法及韦述《两京新记》卷三中“睿宗第八女”的说法，都是正确的。

2. 中宗神龙二年，十八岁时出家

上引《诸帝公主》传记中有“金仙公主，始封西城县主，太极元年与玉真公主皆为道士”，说金仙公主是在太极元年（712）与玉真公主同时成为道士的，这种说法一直比较固定。但参看金仙公主的神道碑和墓志，又会发现事实并非如此。

- 墓志中有“年十八入道廿三受法”“壬申之年建午之月十日辛巳薨于洛阳之开元观，春秋卌有四”。
- 神道碑上有“先帝尚其诚心不夺雅志以丙午之岁度为女道士”。（照片5）

由以上记载可知下列事实。（按周岁计算）

①卒年“壬申之年”，为唐开元二十年（732）。

②从享年四十四岁逆推，十八岁时为“丙午之年”，墓志与碑一致，即唐神龙二年（706）。

③受法的二十三岁那年，为唐景云二年（711）。

④公主出生于唐垂拱四年（688），小于其兄玄宗三岁。

如上所列，她出家成为道士，为中宗神龙二年，是成为公主以前的事。修道之后受法（被授予位阶），是在睿宗景云二年。

所以，她出家时还没有公主身份，也没有公开宣布，也没有改封改名，当然更谈不上有自己的道观了。后来因父亲睿宗登上帝位，她才成为了公主。随后，在她景云二年受法前（景云元年十二月），妹妹昌兴公主（即后来的玉真公主）也请求出家。自此，两位公主的出家才被世人所知。

照片 5 金仙公主神道碑拓本照片（著者摄）

玄宗手书之优美行书（蒲城博物馆）

《资治通鉴》卷二一〇“景云元年十二月”有“上（睿宗）以二女西城、隆昌（亦昌兴）公主为女官（女道士），以资天皇（高宗）太后（则天武后）之福（祈冥福），仍欲于城西（宫城以西）造观”。说睿宗为了给父母（高宗与武则天）祈求冥福，想要让自己的两个女儿出家，初次表明了出家的理由和造观的心意。

于是两人于景云二年春正月出家（实际姐姐是受法），五月造观，与此同时，两人被改封为金仙公主和玉真公主。因为上述缘故，两人才被误认为是同时出家的吧。

3. 出家是根据本人的意愿

如上段所引，史料中多记载，是睿宗让这对姐妹出家的。但在前引金仙公主神道碑上，记载为“先帝（睿宗，也可认为是中宗）尚（尊重）其（她）诚心，不夺雅志，以丙午之岁度为女道士”，这说明出家入道乃其本人意志。（石碑现状见照片 6）

照片6　金仙公主神道碑的现状

现在正好位于规划改建地区的边界上

（桥陵陪葬墓）（著者摄）

《资治通鉴》等关于出家理由的说明，其实际目的，是借着当时公布之际，强调投入巨额国费建造道观之事的重要性（因为这件事当时遭到了众多激烈反对），并使之正当化。这时修建的，就是位于长安城宫城以西辅兴坊内的金仙女冠观（女道士居住的道观）和玉真女冠观，其中之一即镇墓石开头记载的“金仙观”。

【补记　玉真公主的出家年龄】

录有“玉真公主受道灵坛详应记”（天宝二年）碑文的资料有两种。

①《全唐文》（卷九二七）有：“年十二岁，当景云之初。”此记载很早就被作为参照，因此“十二岁出家”的观点基本成为定论。但是同一块

石碑的另一个拓本却并非如此。

②《道家金石略》（陈垣编，文物出版社，1988 年，139 页）中，同一部分作“年甫二八，当景云之初……”

先说结论，②的说法被认为是正确的。

按①中的十二岁为景云之初（710），则其生年为 698 年，这与其母之死（693）不符。并且这一拓本缺字很多、状态不良，很可能是将“年甫二八”误读成了“年十二岁”。

②中的“年甫二八”，“甫”乃“始”之意，“二八”即二八妙龄，用来表现女性（少女）最美好的时期——风华正茂的十六岁。如此算来，其生年为 694 年，这虽仍然与其母死去的年份不符，但也有可能她当时并不一定真正是“二八妙龄”。“景云之初”也是一种非常模糊的表达，但根据诸史料以及道士张万福的《传授三洞经戒法箓略说》（卷下）中“以景云二年岁次辛亥春正月十八日甲子……受道……”的记载，可暂作景云二年（即改元景云后的第六个月）。这样算来，假定玉真公主的出生是在其母死前不久（692 年冬）的话，则受道时就是刚满十八岁。那么，她就跟姐姐金仙公主是同样年龄出家的，比姐姐小四岁。

4. 不为人知的真正出家理由

那么，金仙公主十八岁，年纪轻轻就出家，而且，还是基于她本人的意愿，其真正的理由是什么呢？前面碑文里的“雅志”，又是什么意思？金仙公主心里到底是怎么想的呢？

尽管没有史料来解释这一问题，但正如前文昭成皇后窦氏一节中所记述的那样，她应该是为被武则天杀害、连遗体都不知去向的母亲祈祷冥福。被武则天杀死的人，没有一个得到妥善处理。碑文上的“雅志”，绝不是表达为武则天祈祷冥福之心的，因为那是一种完全有悖于人之常情、极不自然的心情。我想，她内心除了想做女道士、为母亲祈福之外，一定还有一个恳切的念头，就是母亲还没有得到救赎。到了神龙二年（706），也就是武则天死后第二年，许多被武则天杀死的人，这时候都开始陆续得到改葬。我想，金仙公主感觉到了这样一种形势的变化，所以才将深藏于内心的想法付诸了行动。年满十八岁，就意味着到了要被嫁出去的年龄，那样的话，就不可能出家了。虽然出家会使她的人生产生一百八十度的转变，但比起世俗的幸福，她更愿意置身于虽然清贫但却宁静的信仰世界中去。这样的心境，大概就是所谓的“雅志”吧。

另外，从这件事也可以看出，金仙公主是一位相当果断的女性。而这一点，从后述她对云居寺石经事业的支持上，也能看出来。

5.“无上道”是法号吗?

无论是镇墓石还是墓志，均称其名为“无上道”，这是我们第一次获知她的名字。不过从玉真公主墓志中的“公主法号无上道、字玄玄……”（《金石录》卷二七）来看，无上道有可能也是法号。非要取这样一个名字，这想必与上述她出家的情形有关。也就是说，她是下了很大决心步入信仰世界的，那么，“无上道”即便只是出家后的法号，她也一定非常珍视自己这个名字。这一点，为她题写神道碑的玄宗，以及为她书写墓志的玉真公主，应该都是十分清楚的。

◇出家踏上修道之旅

金仙公主出家后不久，就实实在在地踏上了修道的旅程。景云元年（710），她来到陕西省华阴县的华山，在华山北麓修建了“仙宫观”（即后来的仙姑观），还在华山大上方修建了“白云宫”，进行修行。现在，白云峰上还留有宫祠、竹园，有“唐金仙公主修行处”刻石。另外，仙姑观也在旧址上得到重建，之前里面曾存有一座纪念金仙公主乘鹤升天的“仙姑塔”，不过，此塔在20世纪60年代被毁，现存的只有侍奉过公主的两个臣子的冢——“二臣塔”。

另一位玉真公主，也想追随姐姐，她再三向玄宗请求，想离开都城。因为她们两人都是唐皇室的公主，似乎很难自由行动，但玉真公主还是获准去了终南山的楼观（长安西南方向）。那里是道教史上的一大圣地，与玄宗也有很深的渊缘，它成为玉真公主长期活动的舞台。时间到了天宝三载（744），她向上归还了公主名号，告别玄宗，进了华山中峰，当时得玄宗赐“持盈”之名。就这样，唐皇室的两位公主先后进入华山，无形中造就了华山道教的一代盛世。这里是作为中国五岳之一的西岳华山，自古以来一直被誉为“人间仙境”（现世的仙境），被视为神仙居所，后世有无数道士来此修道。

玉真公主自幼长于诗赋，这或许与李白有关。她被李白的优异才能所吸引，于是将其举荐给了玄宗。玉真公主是李白强有力的后援者，她与李白在历史上的活跃也绝非无缘。李白也留有一首吟咏关于玉真公主修道情形的诗——《玉真仙人词》。

◇资助房山云居寺的石经雕造事业

金仙公主在信奉道教的同时，也深谙佛教。众所周知，至今仍世界闻名的房山云居寺（现北京市房山区），曾得到过金仙公主给予石经制作的积极资助。那是唯有大唐皇妹才能做到的宝贵资助，如果没有她的资助，留存至今的一万数千枚石经，是绝对不可能制造出来的。

如今，在石经山顶上，留有一座美丽的唐代所建石塔，塔身背面刻有“山顶石浮图后记”（浮图乃佛塔之意）一文。由于所刻碑文是纪念金仙公主资助一事的，故而称这座白石小塔为“金仙公主塔”。（照片 7）

照片 7　金仙公主塔 房山石经山顶（著者摄）

唐代白石小塔，原为九层塔，曾有相轮

碑文的主要内容有：

“大唐开元十八年，金仙长公主奏圣上（玄宗皇帝），赐大唐新旧译经四千余卷为石经本，又奏，赐幽府范阳县他土地、果园、山林等为云居寺之领……（以下略）”

＊注：皇帝的女儿称公主，皇帝的姐妹称长公主。

如此，金仙公主扩大了静琬开创的雕造佛典事业的规模，投入国资强力支持。永久保存佛典的刻经事业，已经远远超出一座地方寺院的财力和某个僧人的努力与生命所能及的范围，所以金仙公主把它看做了国家的事业。开元十八年（730），正是敕命的《开元释教录》刚刚完成上奏之时，于是金仙公主想到了以此经录中的经典作为刻经的底本。趁此良机上奏，充分显示了她过人的决断力和敏锐的洞察力，这点我们刚才也提到过。随后，著述《开元释教录》的智升，担当起了从长安搬运佛经的重任，使之成为一件名副其实的国家大事。这是金仙公主作为公主才得以实现的事情，已经超出了金仙公主作为一己私人对佛教的理解和支持。而作为云居寺，也希望将此事永传后世，所以镌刻（刻在石头上）了上述碑文。时值开元二十八年，那时金仙公主已经亡故，想必碑文就是为她而写的追悼文。从那以后，大量经典被不断镌刻上去，事业持续一千余年，它已经成为了永世流传的人间瑰宝。

◇石经山顶散佚的金仙公主塔

刚才说的金仙公主塔，是开元九年（721）刘玄望一族为供养先祖所建，而并不是说它是金仙公主所建。

但是，明初进士周忱的《双崖文集》中记载，在石经山顶另有金仙公主所建的两座小石塔，他说：

“至山顶有五石台，台上皆白石小浮图，其南二台，乃唐金仙公主所建，余无题识不可考。”

与此大致相同的内容，在松本文三郎的《中国的石经》（《宗教研究》

第三年第九号，1918 年）中也有介绍：

> “据（云居寺）寺记：山顶本来有五个石台，台上皆有白石小浮图。其中南边两台，为唐玄宗第八妹金仙公主所建，其余皆无题识可考。而今都已归于荒废，唯见野草蓁蓁。”（同上著，45 页）

如此，这里的确曾有可知为金仙公主所建并有刻铭的两座塔。

但是“五台”究竟指哪里呢？该山顶上似乎至少有过五座以上的小石塔，它们的位置关系和建造铭文都不明确。金仙公主塔究竟在什么位置，塔形如何，以及消亡的时代等，至今也都不得而知。如今，金仙公主塔已然成为一个幻影。

暂且搁置这些疑问，接下来的问题是，这石经山顶的唐塔，并不是墓塔之类，而都是供养塔。也就是说，金仙公主曾在这里修建过两座供养塔，那么这到底是为谁修建的呢？

我认为，一座是为其母窦后，另外一座则有可能是为同时被秘密杀害的刘后而造，这也符合公主出家时的心境。她一定认为，为永久保存佛典而进行刻经的这座石经山顶，是最适合建造母亲和刘后供养塔的地方。

◇玄宗祈祷早亡之妹在仙界永生

金仙公主坟墓，在 1974 年进行过发掘调查，出土了本书涉及的镇墓石、墓志，以及其他文物。

如前所述，金仙公主于开元二十年（732）薨于洛阳，开元二十四年归葬于睿宗桥陵，作为陪葬。这些在墓志上都有记载。

玄宗的同母兄妹中，金仙公主是年纪轻轻最早去世的一位。她墓前的神道碑，是玄宗御笔的优美行书；她的墓志，由堪称女书法家的玉真公主书写，用的是端正优雅的正楷。那个时代女性手书，传世的极其稀少，非常珍贵。（图 3）

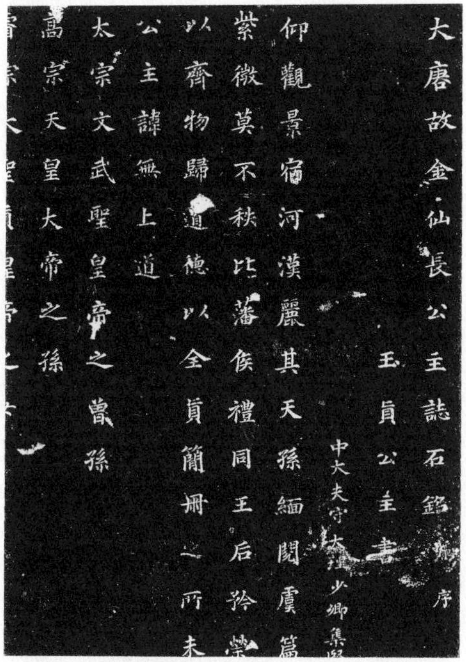

图3　金仙公主墓志拓本/局部缩小（著者藏）

金仙公主足迹遍布各地，晚年活动以洛阳为中心。这里方便到房山云居寺去，而且最重要的是，这里有她亡母的回忆。武则天时代将洛阳作为都城，称为神都，武周长寿二年（693）春正月二日，母亲窦氏与刘后一道，于嘉豫殿朝见退出后，就不见了踪迹。之后，睿宗景云元年（710），睿宗亲自“招魂葬于都城之南”（《旧唐书》卷五一），为窦氏、刘氏举行了招魂葬，并为窦氏建造了靖陵，为刘氏建造了惠陵，这两座陵的所在地也是洛阳。而且，洛阳南边有著名的龙门石窟，金仙公主也许想要在这里做些什么吧。前面说过，她在云居寺石经山顶为亡母及刘后建造了供养塔，从这件事来推测，她想要在龙门也刻些什么，是极有可能的。玄宗对此也许是知道的。

可惜金仙公主还来不及做这些就于四十四岁亡故了。不仅她自己不甘心，在其兄长玄宗看来，她是女冠且早亡，才真的是背“道”而行呢。从道教“长生不老”的目标来看，她的死无疑是不幸的。大概正因为如此，玄宗才为她埋下镇墓石，以祈求“尸”的再生和在仙界的永生吧。

如后文（第七章）所述，唐代有一种与祈求“尸”的再生相关的“五炼生尸斋”，是为道士死后所修设的。以此来判断，玄宗与玉真公主可能在金仙公主的墓前，也举行过这种仪式，而镇墓石可能就是那时留下的东西。

六、寿王第六女清源县主

◇寿王（杨贵妃的第一任丈夫）之女

寿王是唐第六代皇帝玄宗的第十八子李瑁（武惠妃所生）。该墓的墓志也已出土，志题为“大唐寿王故第六女赠清源县主墓志铭并序”，志文作：“光天文武大圣孝感皇帝之姪。”光天文武大圣孝感皇帝，是唐第七代皇帝肃宗的尊号，即玄宗的第三子李亨（元献杨皇后所生）。接下来是：“唐丁酉岁（唐肃宗至德二载）建亥月（十月）十日薨于益昌郡。建卯月（至德三载二月）十八日悬窆于咸宁洪原乡少陵原。”该墓主的名字、年龄没有记载。1958 年长安县庞留村（陕西省西安市南郊）出土，墓志一合，镇墓石五合（其中一合无底）。

清源县主墓志

出土的镇墓石，东、南、中央、西、北五方齐全，实属珍贵之例。不过，东方的底石有破损。

以上记载引人注目的，是墓主的死亡年月和死亡地点，似乎在向人们倾诉着墓主幼年夭折的命运。下面就想论述一下这件事。

◇因安史之乱加入逃离长安的队伍

春望　杜甫

国破山河在，城春草木深。
感时花溅泪，恨别鸟惊心。
……

这是诗圣杜甫的名作《春望》。该诗作于至德二载（757）三月，诗中吟咏的是在安史之乱中遭到破坏的大唐都城长安。安禄山于天宝十四载（755）十一月在范阳（北京西南）起兵谋反，军势直逼长安，翌年天宝十五载（756）六月十三凌晨，玄宗皇帝慌忙之下择蜀（四川省）蒙尘（天子逃离都城）。

《资治通鉴》（卷二一八）载："乙未黎明，上独与贵妃姊妹、皇子、妃、主、皇孙、杨国忠、韦见素……出延秋门。妃、主、皇孙在外者，皆委之而去。"当时，只有禁苑内的主要人员得以逃离，身处宫外的，即便是皇族也未接到任何通知，被生生留了下来。这些人不久后几乎都被闯入京城的叛军残酷杀害，其中也包括先皇睿宗的女儿霍国公主（玄宗的异腹之妹）。另外还有不少人，虽侥幸逃脱或藏匿起来，却从此都流落他乡，再也没回到过长安。

玄宗一行人中，也包括杨贵妃，以及她的族兄杨国忠。中国历史上著名的"马嵬事变"，就发生在逃离长安的第二天——六月十四日。由于人们认为这次国难的责任在杨国忠，于是，杨贵妃也跟杨氏一族一道，在此地被诛杀了。她自开元二十八年十月被迎入宫中，十六年来一刻都没离开过玄宗身边。杨贵妃死时，年仅三十八岁。

马嵬驿惨剧的目击者中，也包括寿王（李瑁）。众所周知，杨贵妃最早于开元二十三年（735）十七岁成为寿王妃，后来在开元二十八年

（740）才被玄宗招入宫中。随后在天宝四载（745）七月，以左卫郎将军韦昭训之女为寿王妃，八月杨氏被册立为玄宗的贵妃。

寿王的生母，是集玄宗万千宠爱于一身的武惠妃，她曾经策划让自己溺爱的儿子成为皇太子，但此愿未了，她便于开元二十五年病故了，寿王的梦想也就落空了。何况这次，偏偏又是自己的妃子杨玉环，为取代自己母亲武惠妃的位置而被玄宗招了去！寿王在马嵬，是怀着怎样的心情注视杨贵妃走向生命终点，又是如何看待自己命运的呢？很难想象他的心情有多复杂。

◇推测背后的死亡情形

这里所说的清源县主的生母，应该就是上文提到的韦昭训的女儿。据史料（《新唐书》卷七〇下《宗室世系下》）记载，寿王有六个儿子成为了王公；清源县主又是他的第六女，那么寿王至少该有十二个子女。自韦昭训的女儿成为寿王妃，到清源县主殁年，是十二年，所以这十二个子女的生母，应该不止一位。总之，当时寿王可能是举家随玄宗一起出逃的，因为寿王还有军队的任务。当时，清源县主也许非常年幼，或者是即将出生之前。

墓志作其殁年为至德二载十月十日，接着有“……于益昌郡行顿桂房哭恸椒室悲哀呜呼……”，这段记述说明什么呢？

首先，“益昌”是一行人前往蜀（成都）的途中之地，即今四川省广元市西南的昭化镇，位于剑阁县的东北部。玄宗一行人于天宝十五载七月十日通过益昌，同月十二日肃宗在灵武即位，改元为至德元载。一行人抵达成都是在至德元载七月二十八日，而清源县主死于翌年十月，是一年多之后的事情。那么她是死于返回长安的途中吗？但那样的话又与其前后的情形不符。也就是说，至德二载秋九月二十八日，郭子仪的唐军夺回长安并入城，二十九日，捷报就传到了凤翔的肃宗那里，十月三日传到了成都玄宗那里。肃宗于十月二十三日返回长安，同时，玄宗也于二十三日从成都出发，十二月四日回到了长安。从上述各个地方的动静来看，寿王一家很有可能没有跟玄宗一行一道行动，清源县主和她母亲及下人等少数人，想必并没有去成都，而是一直留在了益昌郡。那么，发生了什么才未随行？推测应该是生产、疾病或者事故吧！所以，墓志上写有“行顿”。所谓“行顿”，就是驻扎（止）的意思，即“驻屯”。接下来的“桂房”，原指汉代皇帝居住的宫殿，后来成为皇室的代称，在这里指的是其父“寿王”；接下来的“椒室”也是，原指汉代皇后的宫殿，后来成为后妃的代称，在这里是指代其母“韦氏”。不过，寿王必须寸步不离玄宗左右，于是他没能在自己孩子临终之际守在她身边，所以会加倍怜悯她的死亡吧。

赶上天宝太平之世中的突发叛乱，匆匆上路，又被迫在陌生的异地他乡经历如此不便的生活，所以她才会死去的吧。这是十分悲凉的“客死”，也算一个安史之乱的牺牲者。正因为觉得可怜，朝廷才追赠其为“清源县主”。

◇厚葬幼儿的背后，有着对作祟的恐惧

她的遗体，被千里迢迢移送回长安，中途再次与玄宗及寿王一行汇合。

寿王和他的妃子，都为女儿的死痛惜和恸哭，寿王更是亲自为其书写了墓志，而且制作了五方镇墓石，以完整的送葬仪礼对其进行了埋葬。虽然是女儿，却为她举行了如此的厚葬，这说明一定是因为某种原因，让父母对她产生了特殊的爱惜之情。

镇墓石及墓志，都没有记载她本人的名字，这会不会是因为她才刚刚出世，而自己的父亲却不在身旁给她取名呢？

如此我推定，清源县主应该是出生在逃亡途中而夭折的。还可以认为，倘若没有这样的逃亡，她一定会平安地长大，父母正是伤心这一点，才埋下镇墓石的。

不过，在这种爱惜之情的背后，换个角度想，还有值得注意的一点。那就是，当时存在一种根深蒂固的俗信，即刚出生就死掉的婴儿，夭折后得不到安葬的，会出来作祟。人们害怕他们会变成夭鬼、小儿鬼而祸及生者。厚葬清源县主一事，与此不会没有任何关系吧。寿王夫妇一定是想以

此来抚慰爱女的亡灵。

七、女道士李

◇是越王李贞的玄孙李玄真吗?

镇文刻着墓主是“上清玄都大洞三景女道士李□□”。名字两字的位置，似乎一开始就是空白（根据拓本的照片）。可是道士属于最高级别，再加上能拥有这样的镇墓石，就表明此人必定身份高贵。

翻开正史，可见“女道士”李玄真传（《旧唐书》卷一九三《校勘记》)。从种种情形推定，就是同一个人，所以这里就以此为前提来展开论述。

上引传记中有“女道士李玄真，越王贞之玄孙。曾祖珍子，越王第六男也”。

越王指唐太宗的第八子李贞，李玄真是他的玄孙——孙子的孙子，其曾祖珍子。也就是说，是李贞—珍子—○—○—玄真这样的关系。

李贞墓出土俑

我们知道，垂拱四年（688）八月，越王贞，连同其长子琅琊王冲，为保卫李氏社稷而举兵反抗武则天，但不料却双双战败而死。因为这起事变，高祖及太宗的子孙，以及唐宗室的大多数人都被连坐诛杀，年龄较小的则被流放到了岭南。对武则天来说，这起事件是歼灭李氏唐朝的最好时机。

贞家族系中冲的弟弟们，蒨被伏诛，规自杀，温被流放岭南后不久死在了那里。于是李贞一家就此断了香火。（《旧唐书》卷七六）

史料未记载当时珍子的情况，但根据上引李玄真传记，珍子似乎后来遭遇了别的事件。“曾祖珍子，越王第六男也，先天中（玄宗先天年间，712—713）得罪配流岭南，玄真祖、父，皆亡殁于岭外”，由此可知，玄真的父亲、祖父、曾祖父（珍子），以及珍子的哥哥温等四人，都死在了岭南。而且，他们的灵柩只是临时被埋葬在了当地，还没能够归葬长安。珍子被流放的罪名不详，传记作“虽曾受恩赦，未洗无实之罪”，可以想象他心中对名誉未得恢复的遗憾。

◇奏请将殁于岭南的四丧归葬长安

根据李玄真传，玄真向当时的朝廷提出书状，苦苦恳求。

> “去开成三年（838）十二月，内得岭南节度使卢钧出俸钱（薪金）接措，哀妾三代旅榇（在异乡的临时灵柩）暴露，各在一方，特与（特意为此）发遣（派人去搬运），归就大茔合祔。今护四丧（玄真之父、祖父及曾祖父珍子三代，还有珍子的兄长温等，共四人），已到长乐（长安东边的驿站）旅店权下，未委故越王坟所在，伏乞天恩（陛下的慈悲），允（承认）妾所奏，许归大茔。妾年已六十三，孤露家贫，更无依倚（可投靠、资助之处）。”

之所以提出将留在岭南的四丧与其父李贞合葬，是因为贞与冲父子等已于玄宗开元四年（716）恢复爵土，冲在开元五年（717）、贞在第二年开元六年（718）已迁至昭陵（太宗陵）陪葬，所以她才期望让其余四人也归葬。当时距开元六年已过了120年之久，李贞父子举兵之时，被武则天剥夺了宗室户籍，改赐“虺”（蝮蛇）姓，是玄宗为其恢复了名誉。

面对这样的恳求，文宗颁布了下列昭书：

> “越王事迹，国史著明，枉陷（无犯罪事实而强遭诬陷）非辜（重罪），寻（判明事实）已洗雪（污名得以洗刷）。其珍子他事配流，数代漂零（居无定所、破落潦倒），不还京国。玄真弱女（虽身为女子），孝节卓然（‘孝’之节操非常出色），启护四丧，绵历万里（从万里之外归来），况是近族（玄真与朕是近亲），必可加恩。行路（行为、活法）犹（特别）或嗟称（褒赏），朝廷固须（当然）恤助。委宗正寺（掌管宗室户籍、祭祀等事务的中央官府名称）、京兆府与访（派人寻找）越王坟墓报知。如不是陪陵（如果不能一起埋在越王墓），任（不用再重新许可）祔茔次卜葬。其葬事仍（还是）令京兆府接措，必使备礼。葬毕，玄真如愿住京城，便配咸宜观安置（让她住在那里）。”

◇切望如此困难的归葬，有何真相

李贞有六个儿子，除一个因病死去之外，另外三人都战死在打倒武曌匡复李氏（只是恢复原来的状态）的战场上，还有一人被发配流亡而客死他乡，唯一存活下来的就只有珍子一人。李贞父子就等于是为了保卫李唐社稷而冲锋在前、全军覆没了。李贞的后裔玄真，虽然已经是年过六旬的老弱女性，仍然竭尽全力将先祖四丧的灵柩从万里之外运回了长安，她当时的心情一定非常迫切，她是想如果在自己这一代不能让先祖归葬，恐怕以后就会永远失去机会了。这样考虑，是出于中国的昭穆制（宗庙灵位排序的制度）。

以李贞一家为例，贞若是始祖，则二世为昭，三世为穆。《礼记》王制篇有“天子七庙，三昭三穆，与大祖之庙而七。诸侯五庙，二昭二穆，与大祖之庙而五。大夫三庙，一昭一穆，与大祖之庙而三。士一庙。庶人祭于寝（内室）”。对照此制，李贞家应按诸侯级别列如下图。玄真是第五世的女子，倘若她这辈有男子（兄弟）的话，该列入第五世的穆位，如此

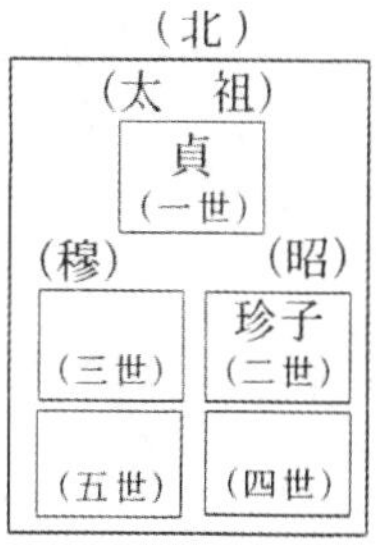

昭穆之图
昭（父）与穆（子）对望的形式

一来，李贞家的昭穆就十分完整了，可以圆满地进行祖灵祭祀（如果有新主入葬，其昭穆中最前面的神主，则作为迁主按次序合祀于祖庙）。

此外，宗法中规定“对死者的记忆到五世而止”，而如上图所示，五世正是玄真本人。她成了李贞一族祖先祭祀宗庙制的最后一代人，所以她才在六十三岁年老衰弱之际，产生了如此迫切的念头吧。运回先祖三代之榇，是指二世、三世、四世。

祖先的尸骨被分散，草草埋葬在岭南，到头来会找不到准确位置，他们的亡灵也会“无所依归”，不能“入祠祭祀”，这就是玄真最担心的事情。他们的埋葬地点，虽然在子孙间代代相传，但却没有一个人能实现归葬的愿望，这件事最终落在了玄真的身上。在当时，让不幸死于流放地的人归葬长安，并不是随便就能得到允许，而能在这件事上投入如此大的能量，从中可以看出，中国的祖先崇拜和死灵观念有之强。

在儒教国家中国，像这样崇拜祖先、归葬故里，是非常重要的事情，是孝德的表现。

◇晚年状况不明

文宗同意了玄真的恳求，作为李唐天子对李贞一家的回报，他还拿出国库的银两用于葬仪，最后还说让玄真入住“咸宜观”。

“咸宜观”的“观”指道观，相当于佛教中的寺院。而咸宜之名，源于玄宗之女咸宜公主（武惠妃所生，寿王的同母妹妹），这里是她出家成为女冠（女道士）后的居所，称“咸宜女冠观”。同时这里也是玄宗父亲睿宗在藩时期（即位前）的邸宅，玄宗开元初年，这里成为了昭成窦后和肃明刘后这二位皇后的庙（仪坤庙），这两位皇后原是睿宗的皇后，窦后是玄宗的母亲。正因为这个地方与玄宗有着深厚的渊源，所以后来开创大唐盛世的玄宗，才将因保卫李唐社稷而战死的李贞的后代迎入此中的吧。

《全唐文》卷九四五《李玄真》有“……即敕于咸宜观安置为女道

士”，说当时是文宗让她当了女道士。但想必她本人也是愿意出家的，因为她在自己的有生之年，已经完成了落在自己身上的使命，完成了一件了不得的任务。

玄真实际有没有居住在这里，我们不得而知。玄真跟她父亲、祖父一样，在岭南时一定是被迫过着穷困潦倒的生活，她还一时无法适应长安的生活。加上这座道观，曾是被武则天暗中杀害的睿宗两位皇后的庙，住在这里会时刻想起武则天，所以恐怕也是无法安心居住的。

镇墓石上标明墓址是“东京河南县界”，可知其死亡地点是洛阳。获得道士的位阶，也许是回到长安以后，作为宗室的贵人，并且是在文宗的大力支持下才被特别提升的吧。其临终前的情形也不明确，但也许是文宗感到惋惜，才派人埋下镇墓石。对待这样一位身为女性却终生未嫁、历尽苦难却在死前完成了重要责任的亡灵，想必文宗也是想给予她最大限度的安慰。此外，跟金仙公主的情况一样，因为她是道士，所以该镇墓石也许与“五炼斋”有关。

如本节开头所述，该镇墓石上没有刻姓名。玄真是她的道号，而并非名字。据说中国自古以来，贫苦人家很多都不给女儿起名。假如她也没有名字，那说明其早年在岭南生活穷困；而归京后的她，晚年却获得了道士中最高阶位的称号。前后两者的反差，仿佛讲述着她一生的命运。

八、韦湑

◇中宗皇后韦氏的堂兄

该镇墓石的墓主，被冠以下面的超长官衔（官职的名称）：

“大唐镇国大将军行左羽林卫大将军修文馆大学士上柱国谯国公赠司徒使持节并州大都督韦湑。”

西安长安博物馆墓志廊（著者摄）

韦湑，字润甫，乃前文所述韦后的堂兄，也是当时的宰相韦温的弟弟。（表3）

表3　韦后近亲关系图（主要部分）（著者制作）

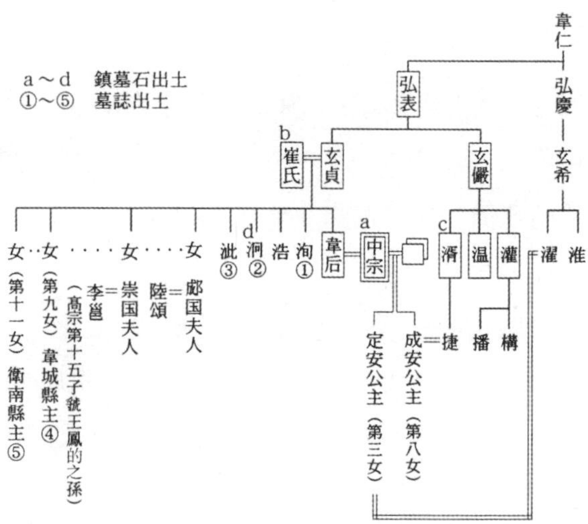

（此图为原著扫描，仅对个别日文做了处理）

镇墓石上很少像墓志一样书写很长的官衔，但既然出现了这个例子，那我们就先来看一下他的这个官衔吧。唐朝官员的官衔，大致由散官、职事官、勋官、爵号这四部分组成。以韦湑为例，“镇国大将军”是从二品的武散官（散官分为文散官和武散官两种，从二品的武散官相当于光禄大夫），这部分表示阶品的高低，所有官员都首先拥有这个散官头衔。接下来的“左羽林卫大将军”是职事官，表示他实际的职务，属于“左右卫”（掌管宫禁宿卫的机构），大将军是正三品。在此官名之上有一个“行”字，这是职事官的等级低于散官等级时所用，相反等级高过散官时会冠以“守”字。“羽林卫”是天子的禁军，唐置左右羽林卫，他们是守卫天子住处（禁中）的卫兵。接下来的“上柱国”，表示勋官正二品。“谯国公”是从一品的爵号。“赠”字以下是死后的追赠。

“修文馆大学士”由职事官兼任，本身不是固有职位。修文馆设立于唐初高祖武德四年，后改名为弘文馆、昭文馆，又在中宗神龙二年（706）再度恢复旧名。由此可知，韦湑的死是在改称之后。

葬地刻为“万年县鄠国乡沩□里中”，即今韦曲北塬北里王村的韦氏旧茔。

◇两《唐书》死因记载不同之谜

从官衔可以看出，韦湑是韦氏一族的成员中一位身居要职的人物，他的儿子捷，是中宗第八女成安公主的驸马。然而正史上对韦湑的记载甚少，而且关于他的死因，新旧两唐书上的记载截然不同，给后世留下了疑点。

先看《旧唐书》（卷一八三《外戚韦温传》）的记载：

“湑及陆颂相次病卒，赙赠甚厚”，这里说他死于疾病。

再看《新唐书》（卷二〇六《外戚韦温传》）的记载：

“湑初兼修文馆大学士，时荧惑久留羽林，后恶之，方湑从至温泉，后毒杀之以塞变，厚赠司徒、并州大都督。”说当时羽林军中不断传出关于他的“荧惑”（预示灾祸即将降临的不好传闻），韦后为防患于未然，趁他陪同自己去温泉时将其杀毒，避免了一场事变。这里记载他是被韦后毒杀的。

后一种记载，与刚才看到的湑的追赠也是一致的，应该很可信。《新唐书》接下来还说，湑的其他兄弟颇具文章之才、长于诗赋，而他本人，虽身为修文馆大学士，这方面却业绩平平，总是一直待在军队里。这段对湑的评价，并不是善意的。

修文馆原本是朝廷的图书馆，同时也是为皇族和三品以上高官的子弟所开设的学校，属于门下省。其大学士、学士、直学士，都是由儒学之士兼领其教授之任的。按照这种情况来看，韦湑被任命为大学士（通常为宰相级职位），怎么说都是不相称的，也许真相就隐藏在这件事的背后（抑或是给他个名誉以压制不满情绪）。

关于他的死因，到底是死于疾病还是被毒杀的，并没有确凿的史料。但从韦后不久后毒杀了中宗来推测，韦湑被韦后毒杀也不是没有可能。那么韦湑到底有何企图呢？难道他是一个足以汇集众望、抓住人心，从而调动大军、发动事变的人吗？正如《旧唐书》（卷一八三）所述，当时的韦氏家族，以湑的兄长温为代表，全部“既居荣要，熏灼（威力强盛）朝野，时人比之武氏”，韦湑当然也不例外。那么他一定是有某种企图的，这里不作随意的猜测，但既然他极尽荣达，想必野心也一定会膨胀吧。

◇韦湑果然是为韦后所毒杀

那么，2003 年春出土的韦湑镇墓石，关于其死因，是如何叙述的呢？镇墓石的镇文，一般不会有像墓志那样的记载，原则上只会刻经典中的固定语句，对它记载墓主死因之事，本来不应抱任何希望。不过，我发现此中藏着一个重要的暗示。

在我们之前介绍的镇墓石墓主中，有一些史料明确记载是被杀之人，比如武三思和鄮王妃崔。这些被杀之人的镇文，与韦湑的镇文，在一定程度上有着共通之处。这意味着他们都是被杀的，关于这点，我们留待后文作正式论述。我有一个推论，因为我发现被杀害者的镇文，会对经典中固定语句的特定段落做出更改。如果这个推论正确的话，那么《新唐书》上关于韦湑被毒杀的记载就是正确的，他的镇墓石可以说暗示了这一点。说是病死，大概是为了应对外界吧。韦湑被认为死于景龙三年（709）。

这样一来，虽然遭到怀疑和杀害却埋有这样的镇墓石，就给人一种不自然的感觉。但前文所引《旧唐书》有“赙赠甚厚”（在死者葬礼之际援助了许多财物），说明那是一种厚葬。杀了之后又追赠名誉，施与厚葬，这并不稀奇。

但问题隐藏在为其埋下镇墓石的韦后心里。那的确是韦后为其所埋，但她的动机与目的，仍然是为了避免怨灵作祟。这与韦后在为父母、弟弟们举行葬礼时的心理，应该是相同的，可以说这是镇墓石本身的功能体现。也就是说，厚葬的背后，隐藏着不同性质的一面。韦湑没有实现他的野心就遭韦后投毒而毙命，那么他怨恨的对象当然就只有韦后了，而这正是韦后想要回避的。

这样看来，韦后也许是个一直极其惧怕“亡灵”的女人，而且她与中宗一起被流放到房州时，也曾每天担心随时会遭到武则天刺客的袭击。她一辈子都过着被一些看不见的东西所追赶或附体的生活，而且后来，武三思死后她又被中宗怀疑与马秦客和杨均等人有染，由于害怕随时会东窗事发，终至她毒杀了亲夫——皇帝中宗。结果，不仅她自身自取灭亡，也牵连了极尽荣华的韦氏一门所有老少人等。如此惧怕他人亡灵的她，自身的亡灵又怎么样了呢?

关于韦后枭首长安市东市之后的事，《旧唐书》（卷五一《后妃上》）中载:“翌日，敕收后尸，葬以一品之礼，追贬为庶人。”

她虽然是国家的重大罪人，但毕竟原来是唐朝的皇后。朝廷为韦后收了尸，并据其地位予以厚葬，然后贬为了庶人。这样一来，我想韦后的亡灵应该得到了镇护。

九、韦泂

（关于此人的叙述包含在本章第一节“酆王妃崔”中）

韦泂是酆王妃崔的第三子，唐中宗皇后韦氏的弟弟。武周如意元年(692)，于岭南流放之地容州，被蛮族酋长杀害，年仅十六岁。

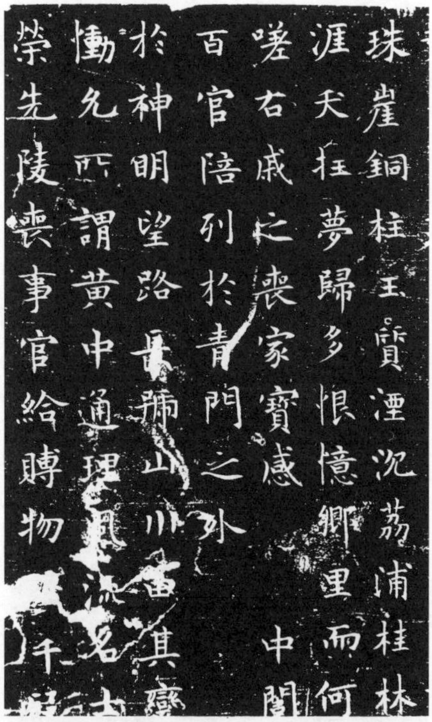

珠崖銅柱玉質湮沉荔浦桂林
涯天狂夢歸多恨憶鄉里而何
嗟右戚之喪家寶感 中閭
百官陪列於青門之外
於神明望路甚[illegible]山川當其寥
慟允所謂黄中通理風流名
榮先陵喪事官給賻物千

韦洞墓志拓本

韦洞墓出土石椁线刻画

十、中宗孝和皇帝

◇唐高宗的第七子

正如该镇墓石上所刻的“大唐中宗孝和皇帝”，墓主是唐第四代皇帝李显。他是高宗的第七子，母亲是武则天。唐景龙四年（710）六月二日驾崩，享年五十五岁。葬于改元后的景云元年（710）十一月二日，谥（尊）号孝和皇帝，庙号中宗，陵号为定陵。镇墓石上有“今葬定陵宫室”，其所在地在长安东北方向的富平县宫里乡。

定陵神道西侧石翁仲（著者摄）

像这样，就连大唐皇帝的陵中也埋有镇墓石，这一事实，让镇墓石在道教史上存在的地位和评价更加重要，堪称一个极其珍贵的发现。

而且被毒杀的人是皇帝，这在我们研究镇墓石中隐含的来历和目的时，也有着非常重要的意义。因此，著者让他作为上述一系列墓主简介的最后一位出场人物，以引起大家的关注。

在武周政权前后数十年间血腥的特殊时代背景下，作为时代牺牲者的中宗皇帝其人，还有在镇墓石中寄托了无限思绪的送葬者——睿宗，这些石头里究竟浸入了他们怎样的情感呢？如果把此问题放到两个皇帝共同生活、共同受苦的悲惨时代中去分析，就完全能够理解为什么要埋镇墓石，不，是为什么非埋镇墓石不可了。我认为，它可以算是当时作为送葬仪礼的镇墓石中的代表者。

◇从房州幽禁复归为皇帝，却迷惘依旧

中宗，是神龙元年（705）一月二十二日的政变迫使武则天退位后得以复位（第二次登上皇位）的皇帝。武周政权就此告终，二月四日，国号恢复为唐，唐朝得以再兴。然而，这并不是靠中宗自己的谋略、努力和政治手腕得来的胜利果实，事实上正是这一点中隐藏着重大的隐患。“打倒武氏政权，再兴李氏唐朝”是这次政变的终极目标，但关键人物中宗，仅仅是被忠臣们当作“李唐的正当皇统”被拉入到了这场你死我活的政变中，他自己连最基本的政权斗争为何物，都完全不清楚。所以，中宗根本不知道为了维持李氏的皇权首先应该做什么。

因此，中宗完全无视忠臣们“应该讨伐武氏”的再三进言，没有诛灭武氏势力。他不仅让武氏势力毫发无伤地存活了下来，反倒还重用其头目人物武三思，和他一起谋划政事，以至于最后宰相们如果不听从武三思的裁决就无法做出任何决定。这样的事态原本不应该发生。

因此，政变后的数年间，呈现出三派势力之间激烈争夺政权的复杂局面。三派具体指：一、张柬之等人的拥唐势力；二、秘密策划复辟的武氏势力；三、暗自抱有政权野心的皇后韦氏势力。首先，复唐的所有大功臣们，都陆续遭到武三思的算计，被迫远离、惨遭杀害，这样再也不会有人与武氏作对了；其次，朝廷内兴起强大的武氏统治集团和韦后一派的势力，朝廷完全被这些势力操控，唐朝濒临随时被颠覆的危机。然而中宗却缺乏自知之明，没有意识到自己正处于如此严峻的局面之中。

◇韦后毒杀中宗与韦氏一门的灭绝

正在这时，突然发生了一件事情，就是前文武三思一节中所说的“重俊太子事变”。这件事，出乎意料地让对唐朝构成最大威胁的武氏政治势力彻底灭亡了。这个事件本来源于太子重俊对武三思、韦后和安乐公主“轻视自己”所抱有的积年私怨，而并非出于正面对抗、排除武氏及韦后势力的政治性命题，但幸运的是，武氏势力从此断绝了命脉。然而，中宗没能理解事情的真相，不仅夺去了太子重俊的生命，而且还为武三思的死哀悼，并为其埋葬了镇墓石，这在前文中已有叙述。

如上所述，中宗刚复位时曾得到拥唐势力的支持，但后来受武三思和韦后操纵，一直被蒙骗，是一个凡庸的天子。

说到被蒙骗，最后他的皇后也背叛了他。皇后不忠如果被发现，都会被斩首，没有比这更有损名誉的丑闻了。韦后出于政治策略与武三思勾结，以至私通，后来还与马秦客、杨均等人通奸。结果，在这些事就快要被中宗发现时，景龙四年（710）六月二日，韦后终于决意，与安乐公主同谋，设计毒杀了中宗，企图将垂涎已久的政权独揽到自己手中。

但是很快，她就与中宗之弟（李旦）及当时拥有一部分权势的中宗之妹（太平公主）起了冲突，并败给了李旦第三子李隆基（后来的玄宗）和太平公主的军队。至此，韦后、安乐公主、韦氏一族、韦后的党羽，悉数被诛杀，势力被一扫而光。这个结果甚至可以说，是被欺骗和杀害的中宗的怨灵，仅过了十八天就袭击了韦后和安乐公主。

◇读解睿宗寄托于镇墓石中的情感

中宗之后即位的，是第五代皇帝睿宗（李旦）。同年十一月，他将哥哥中宗葬在了定陵，我们现在看到的镇墓石，就是当时埋入的。当时睿宗的心中，都想了些什么呢？

前文提到过，我们在研究镇墓石的时候，有必要从以下角度来分析，那就是生者对死者的心理上的关系，即送葬者是如何与死者对峙的。现在，就想来分析一下睿宗的心情。当然，我们不能只是以现代人的感觉和现代文明的高度，去冷静地欣赏镇墓石这个古代遗物。因为，如果不站在当时埋下它的送葬者的角度来体会其心境，不以送葬者的眼光去重新审视镇墓石，是不会看出包含在其中的真正含义的。

当时的睿宗，是出于时值国家重大时期、在周围人的强力拥戴下登上帝位的，其实他丝毫不想当皇帝。看看自己身边，太多的人由于政权争斗而接连被杀，他很想远离这个充满血腥味的世界，去过平静的生活。这是睿宗与他母后相距甚远的人生哲学。那么睿宗当了皇帝之后，是以怎样的心境去安葬在动乱中度过一生的这位先帝的呢?

惹怒武则天、受尽苦难、最后被妻女投毒害死，哥哥的这一生，到底算什么呢? 虽然数次遭受命运的捉弄，但哥哥他毕竟也以自己的方式努力地活过。再想想他那些陆续死于非命的家人，哥哥一家的结局，的确是所有家庭成员都厄运缠身、七零八散，十分可怜。那是被武则天的政治手法及那个时期的狂风巨浪所吞噬和愚弄了的悲惨结局。这些在中宗看来，自己作为活在那个时代的皇帝，同时作为自己的一家之长，他心中一定充满了无尽的遗恨。(请参照后文中“中宗兄妹、中宗家人的死亡情况”一节)

想到上述这些因素，睿宗当时一定觉得，送葬这位兄长，不仅仅是为了他一个人，也是为了他死亡背后的家人的死，以及其他众多牺牲者的死，而且应该办成一个对那个时代本身进行镇魂的葬送仪礼。这一点也符合刚才提到的睿宗的人生哲学。

所以著者认为，睿宗下令制作镇墓石，是完成上述心愿的一个切实的手段，其中有他积极意志的推动。

这时再来面对该镇墓石。想关注下面一点，那就是，它是当今皇帝为先帝准备的，即有着“帝对帝”的关系，为了埋下镇墓石，在墓前举行了“宗教祭祀”。就是说，帝对帝说明其中含有不少“公”的一面，事实也是如此，因为镇文中只有“唐中宗孝和皇帝”，而没有写“李显”这种个人的名字。一般来说，镇墓石是一种极其“私人化”的东西，如玄宗母亲的镇墓石，上面刻着“大唐睿宗大圣真皇帝李旦昭成皇后窦氏”，其中就有

“李旦”的名字。这是一种私人的、家人的感觉，而中宗的镇墓石却与此略有不同。接下来，再来谈墓前的宗教祭祀，它通常是作为葬送仪礼而举行的，但如果考虑加进一些“公共”性质的话，那我想，那也会是一种带有国家镇护、民众平安、政治安定等政治色彩的斋醮（为祈愿而举行的系列仪礼）。如果认为这种道教斋醮是与葬送仪礼合二为一来举行的，那么这类镇墓石里面，就应该潜藏着道教斋醮和葬送仪礼两者共通的一种东西，而这例镇墓石就是暗示这种东西的一个实例。关于这一点，后文再作探讨。（请参照第七章“探讨镇墓石与黄箓斋的关联性”）

那么回过头来再看，睿宗对他的兄长，想必于公于私，应该是抱有双重的祈愿。“私”的祈愿想必是：

希望你不再怨恨他人，不再受人蛊惑，也不憎恨时代，安静地升天再生，从一切苦恼中解放出来，在平安之中得到永生……

而对先帝的“公”的祈愿则会是：

我将把身为一国之父的皇帝哥哥，同时当做一国之母皇后韦后（当时皇帝和皇后就是这样一种存在），以及这个时代等一切应该埋葬的事物，对其送葬，祈愿其安稳，并希望祈愿能带来好的结果，保佑（守护、帮助）我这个现在的皇帝，安定人心、镇护国家，带来繁荣的世界……

如此看来，关于为什么必须在这个时候给这个人的墓埋下镇墓石，其中的理由和目的，都会从当时的时代背景中浮现出来。对于中宗，是为了镇住在痛苦和悔恨中死去的怨灵，斩断其对生者的作用力；而且他虽身为皇帝却被毒杀，是这个时代混乱的象征，因此埋镇墓石，也是为了告别这个不幸的时代。

最后，还要再加上一点，该镇墓石的镇文，没有因为是皇帝而使用任何特别的言辞以及变更与修饰，而全部都与其他墓主同文。这更补充说明了一种观点，那就是，埋镇墓石是普遍针对异常死者的一种纯粹而单一的宗教性行为。人一旦死亡，就是没有身份差别的亡灵。我觉得当时人们就是这样认识的。

◇中宗兄妹、中宗家人的死亡情况

前面已经说了中宗一家的凄惨结局，下面再简单整理一下中宗兄妹及中宗一家悲惨的死亡情形。（请参照死亡年表和下页的系图）

死亡年表

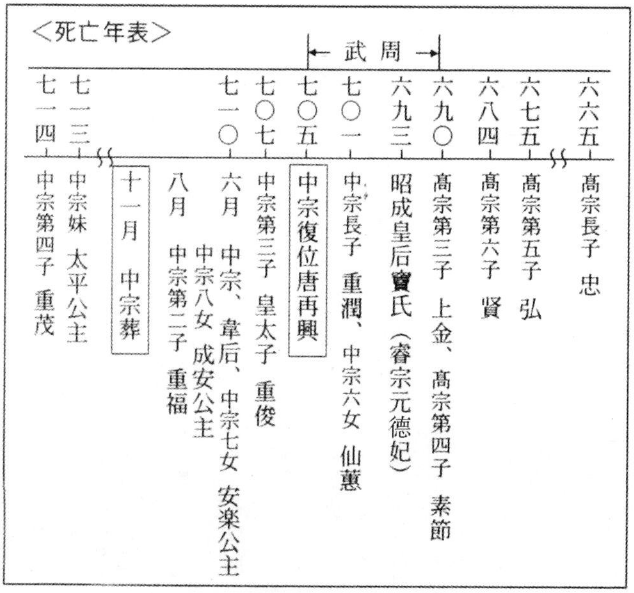

（此图为原著扫描）

安葬中宗的睿宗，是高宗的末子，在此之前，包括其四个异母兄长在内，他所有的哥哥都被杀害了。[第二子孝，于麟德元年（664）早亡]

武则天为了自己能夺取皇位，不必说非亲生儿子了，只要是将来可能成竞争对手的贤能之人，哪怕是她的亲生儿子，也会遭到无情的杀害。再看中宗一家，长子重润、六女仙蕙、三子重俊已经被杀；中宗自己死亡在先，不知道韦后和安乐公主之死；两个月后，被韦后嫌弃并长期幽禁的二儿子重福，认为自己是正统的皇位继承者，在洛阳举兵，但兵败而死。就是说，睿宗安葬中宗的时候，中宗一家剩下的男子，就只有末子重茂了。韦后之乱终结时，重茂曾短暂继承过皇位，但不久就被废掉，其他公主们也都离散了。而且，根据皇位继承序位，也应该是重茂，他虽然还年幼，但将来一定会成为纷争的祸根，那么其实这个孩子的命运，早就已经是注定了的。果不其然，他被流放到南方监禁起来，终因无法生存，不久便死去了。

中宗兄妹、家人的死亡情况（著者制表）

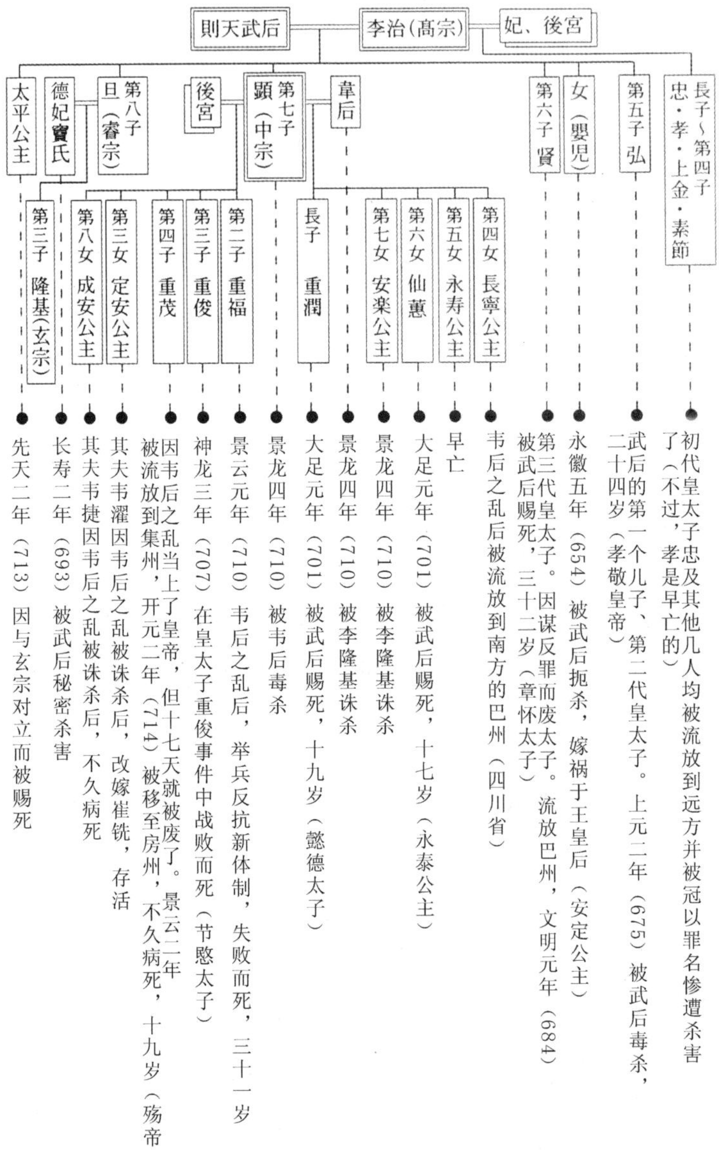

（此图上半部分为原著扫描）

这样的话，睿宗在安葬中宗的时候，应该深切感受到了权力的无情，而中宗也应该是有过同感。因此，被权力抗争所左右、因不够谨慎而死去的中宗及其全家的悔恨心情，睿宗当时应该是感同身受、体会至深。

补记：关于镇墓石的出现

——从镇墓石制作的时代背景分析

以上介绍了各个镇墓石墓主的情况，其中早期的，制作于中宗时期。那问题是，为何在中宗时突然开始制造这样的镇墓石？为何不久又消失了呢？中宗期，是武周政权向唐朝政权的转折点，那么，武则天时代的终结与镇墓石的出现，是不是有什么关联性呢？现在让我们抛开各墓主的个别情况，从总体上来思考一下镇墓石问世的背景。

◇对不断重复残酷杀戮的武则天时代的反作用力

后世对武则天的评价之一是：武则天时代，录用了许多有能力的人才，没有内乱，统治良好，民众生活安宁。然而若把目光投向皇室内部和政界内部的话，那是中国历史上罕见的血腥政争不断、数千人遭到杀害的一个特殊的时代。它呈现的是与民众生活毫不相干的、如同发生在另一世界中的惨状，而那显然是与武则天的政权欲和政治手段相关的。

而且，出于对武则天的惧怕，没有一个人敢插手去为那些因得罪武则天而被杀害的人举行葬仪。有的连遗体也下落不明，有的即使被临时掩埋了，后来多数也找不到其所在地。像这样不为死者举行正式葬礼、常年置之不管的情况，是那个时代的一个特征。何况武则天身边的皇族外戚，以及李氏唐室那些身份高贵的人，命运更是如此。

在那个时代，人们本来就相信人死后会在地狱受苦，会给生者带来灾难。何况是将因政争而遭陷害诛杀的众多亡灵？这些遭遗弃的怨灵会怎样呢？必定是想一想都觉得毛骨悚然吧。之后，由武则天时代进入中宗时代时，如同洪水决堤一般，那些被杀者的名誉得到恢复，并纷纷重新得到安葬，这也许都是因为摆脱了武则天的重压吧。

似乎正好顺应了这一时势，出现了镇墓石。其墓主都是皇族外戚等身份高贵之人，而且几乎都是异常死亡者，这些都恰好反映了上述时代特性。可以认为，心理因素的影响很大，人们需要一种对抗武则天时代的反作用力，这个时代需要镇墓石！然而，这种时代特殊性不久便淡化了，无情的争斗和杀戮也平息了下来，于是镇墓石也因此在短时期内结束了它的使命。以上就是镇墓石的历史性一面。

最后，为了确认上述情况，让我们对照着下表中镇墓石的送葬者与墓主的关系，去感受一下时代的变迁吧。

葬送者与墓主关系表（按埋葬先后排序）

墓主（李氏及其他）	葬送者	墓主（武氏、韦氏及其他）
	中宗 （韦后）	① 武三思 ② 武怀道（推定） ③ 酆王妃崔 ④ 韦泂 ⑤ 韦湑
⑥中宗	睿宗	
⑦昭成皇后窦氏 ⑧金仙公主	玄宗	
⑨清源县主	寿王	
⑩李玄真（推定）	（不明确）	

表的中间一列为葬送者，其左列是李氏族人，右列是武氏、韦氏族人。

表的内容包括：

- 送葬者都是李氏唐朝的皇帝或跟随皇帝的人。

＊注：中宗时期，韦后意志决定的时候较多，但是中宗也都知情。

- 中宗时期没有一位李氏墓主
- 睿宗时期以后全部为李氏（窦氏除外）
- 与政争有关的墓主中，

  与武则天有关的是：③④⑦（②不明确）

  与韦后有关的是：⑤⑥

  与李重俊有关的是：①
- 与政争无关的是：⑧⑨⑩

可以看出，随着时间的推移，墓主由具有浓烈政治色彩之人，逐渐变为与之无关的⑧⑨⑩这些非被杀者。这反映了唐朝政局已经变得安定、和平，同时，时代也不再需要镇墓石了。

这里的关注点仍是中宗。中宗意识到这一时期所要面对的是武氏和韦氏一方，然而，他在面对武氏和韦后时又是何等威严扫地。特别是自己的儿子皇太子重俊，他杀了李武斗争中的政敌武三思，却又因战败而死，中宗是怎样看待这位皇太子的呢？另外，被武则天逼迫自杀的长子重润和女儿永泰公主，自己也没有给他们埋镇墓石。前文提到过，镇墓石的出现，是作为对以李武斗争为基调的武则天时代的反动（假说），而上述中宗的情况完全与这种时代背景相背离（与玄宗二十三年后还给母亲埋葬镇墓石⑦形成鲜明对照）。也许中宗刚复位之时，还没有清楚地认识到镇墓石出现的原因。但这似乎又告诉我们，原本中宗就不大清楚这个时代发生历史性变化的意义，加之这一时期的政局不稳，中宗本人也被卷进了李氏、武氏、韦氏之间政权争斗的旋涡中被淹没，他迷失了自己的立场，在周围势力的来回推搡和冲击下，只能听之任之吧。

十一、(附) 阿史那忠

◇ 另类、 异质的辟邪镇墓石

1972 年，阿史那忠墓得到了发掘，该墓属于唐太宗昭陵陪葬墓。阿史那忠，系京兆万年县人，卒于唐高宗上元二年（675）。阿史那，是突厥王家之姓，阿史那忠是一位在唐朝开发西域中立下战功的名将。

阿史那忠墓壁画

《考古》（1977 年第 2 期）登载的发掘简报上，并没有介绍该镇墓石的详细情况，只是列举了每一行的首字（第一个字），认为“乾、亥、壬、子、癸、丑、艮、寅、甲、卯、乙、辰、巽、巳、景、午、丁、未、坤、申、庚、酉、辛、戌，这些字代表一年中的二十四个节气。与其他镇墓石（清源县主、武三思、昭成窦后）不同”。

仅凭这些，无法了解其内容。下面著者将通过其他资料来作进一步探讨。

1. 镇墓石的内容

根据《西安碑林全集》（卷一九六，附录陕西碑石菁华，墓志 1026 页）所收的全拓缩小照片，将能看清的文字记录如下。(照片 8)

（全拓）

（部分）

照片8　阿史那忠镇墓石拓本

《西安碑林全集》（卷一九六，附录陕西碑石菁华，墓志所收）

〔北面〕

1 乾乾天神王保祐葬後存亡安穩

2 亥元曹殃禍在亥保祐存亡安穩

3 壬壬神王保祐葬後存亡安穩

4 子玉信在子保祐存亡安穩

5 癸丘承在癸保祐存亡安穩

6 丑青龍墓鬼在丑保祐存亡安穩

7 艮艮山神王保祐葬後存亡安穩

〔東面〕

1 寅朱雀□寅保祐存亡安穩

2 甲甲神王葬後保祐存亡安穩

3 卯卯神王葬後保祐存亡安穩

4 乙乙神王葬後保祐存亡安穩

5 辰辰神王葬後保祐存亡安穩

6 巽巽風神王葬後保祐存亡安穩

〔南面〕

1 巳□□□在巳保祐存亡安穩

2 景大人在景保祐存亡安穩

3 午午神王保祐葬後存亡安穩

4 丁丁神王保祐葬後存亡安穩

5 未白虎墓□在未保祐存亡安穩

6 坤坤地祇神葬後保祐存亡安穩

〔西面〕

1 申玄□墓□在申保祐存亡安穩

2 庚□□在庚保祐存亡安穩

3 酉□□在酉保祐存亡安穩

4 辛墓伯在辛保祐存亡安穩

5 戌金卯在戌保祐存亡安穩

（此图为原著扫描）

＊注：南面第 2 行的首字是“丙”，唐代写为“景”。

正如拓本上所见，这些文字以辐辏形式刻成向四方（东南西北）放射状，二十四行，共二百八十九个字。每行的首字，如简报所述，用的是二十四节气（将一年中的季节分为二十四个）的文字，但其实这表示的并非二十四节气，而是周围的方位。

其乃“免遭异鬼（魔）侵扰，每个方位的神祇保佑”的祈愿、咒文。（即向二十四个方位的神明，祈求不让邪鬼邪神接近的辟邪祈祷文）

但是不知道这个咒语的出处。

（参照第一章图 1“明器神煞方位图　亲王坟堂之例”中的方位）

2. 二十四节气与方位

中国自古以来，用十二支表示月（一年中的十二个月）和方位。《淮南子》天文训中说，分配二十四节气（依照太阳黄经，将太阳年分为二十四等份，表示季节）时，要在十二支的基础上，加上十干和四维，具体内容如下：

十干（依五行分配）

甲·乙　春—东

丙·丁　夏—南

戊·己　土用—中央（现在，这种情况除外）

庚·辛　秋—西

壬·癸　冬—北

四维（维即隅之意，表示四方之隅）

报德之维　东北（艮）

背阳之维　西南（坤）

常羊之维　东南（巽）

蹄通之维　西北（乾）

（四维用了八卦中代表方位的文字）

如上所示，二十四节气是以天体运行观测为基础的，但后来被用在了方位（被称作二十四向）的吉凶判断上，成为风水地师所用主要器具——汉代“六壬式盘”（后来的罗盘）的基本刻度单位。风水也被叫做堪舆、地理、阴阳等，它作为一项为都市、寺院、住宅、墓地等选址的技术，在中国历来备受重视。中国人似乎在阴宅（死者之宅即墓地，生者之宅叫阳宅）地点的选择上尤其谨慎，他们相信，如果把父母埋葬在吉利的地方，死者就能安眠，子孙也能鸿运当头、大富大贵，可以让一家繁荣兴旺。

◇祈愿的内容为“保佑存亡安稳”

阿史那忠的镇墓石，模仿风水师的罗盘，四周刻有咒文，二十四个方位都有“保佑（葬后）存亡安稳”。“保佑”即“保卫、帮助”之意，是祈愿天地神明的帮助（神助）的；“存亡”指“生者和死者”，人们认为，墓中亡魂的状态与生者（子孙）是相通的，保证墓的状态良好、亡者安宁，同时也能保证生者的平安、繁荣。

如上所述，阿史那忠的镇墓石，是向二十四个方位的天地神明祈求保佑坟墓、亡者、生者之安稳的，从中完全看不出诸如亡魂的去向、死魂的救赎等与灵魂信仰有关的宗教因素。这大概是属于保佑坟墓安稳的民间迷信吧，它与前文介绍的一系列镇墓石，有着根本的不同之处。

仔细想想，这种也同样被称为镇墓石的话，那或许这个才是真正的镇墓石吧。这让我又重新认识到，本书所用的“镇墓石”这个称呼，不过是“五方五精石”的通称。这个镇墓石还反映了一个事实，那就是，这样的镇墓石，作为唐代初期墓葬的一个环节，为了镇护坟墓而曾被实际用于陪葬。

其他用来避邪的埋葬物，有唐代墓中广泛可见的各种镇墓兽；周代以来刻在石棺外面的兽面纹，也属于与此同类、以镇护坟墓为目的的镇墓之物。(照片 9)

照片9　直接刻在石棺上的镇墓兽面纹（唐代）

（西安碑林藏，未公开）（著者摄）

总之，由于阿史那忠的这个也被称为镇墓石，所以姑且将其收录在此，但已经得到确认的是，从内容上看，它完全属于另外一类东西。

第三章　刻在镇墓石上的内容

——祈愿死者的救赎、再生咒文

一、道教经典里的两种咒文

在镇墓石上刻有两种咒文：

- “符箓文”（也叫灵篆、秘篆文、真文、天文） = 咒文
- “镇文”（用楷书写的镇墓文） = 咒文

“符箓文”“镇文”是在中国发掘简报等期刊上所使用的用语。两者都是咒文，前者本身在书体上富有特色，采用与篆书体相似的带有宗教神秘特点的书写方式，一眼看去像“符”（神符、护身符），其实不是符，一般无法读懂，是带有咒术性的道教特有的文字。

关于这种文字的读解，在王育成的《唐宋道教秘篆文释例》（《中国历史博物馆馆刊》15—16 期，1991 年）上有相关介绍，其被改写成楷书文体并且介绍了它的出处（道教经典）。

该研究采用了将中国国家博物馆所藏唐代镇墓石四张拓本（第 9 页镇墓石一览表编号 10“北京拓片”）与 1984 年出土的北宋“张确夫妇”（第 10 页镇墓石）的拓本相互比较的方法。文中说，帮助解明秘篆文的契机，是由于北宋墓的镇墓石上除了秘篆文也刻着楷书文字，从其字数和配列推测，这些文字是秘篆文的译文。于是，解明秘篆文的书体成了该文的主

题，而并未涉及其所写的内容、意义及镇文之事。由此看来，镇墓石的研究历史还很浮浅。

镇墓石上的两种咒文是从道教经典《太上洞玄灵宝灭度五炼生尸妙经》（以下称《五炼经》）中的某部分引用而来。

那部分的标题是“灵宝青帝炼度五仙安灵镇神九气天文”，有秘篆文和镇文，这个对应东方镇墓石，以下简称“青帝九气天文”。以下同样：

“赤帝三气天文”（南方）

“黄帝中元天文”（中央）

“白帝七气天文”（西方）

“黑帝五气天文”（北方）

以上整个构成了五方。

虽然用青（东）、赤（南）、黄（中央）、白（西）、黑（北）表示五方，但是气的数目在五行的分配上却不相同（东八、南七、中央五、西九、北六）。镇文除了表示方位的用语不同以外，整体内容都是一样的，这些都刻在五个（五方位）镇墓石上。

其实，秘篆文与其楷书文在其他几种道教经典中也有收录，只是名称不同。而镇文只有《五炼经》里才有，如这个经典的题目“五炼生尸妙经”，顾名思义，它是根据“五炼生尸之法术”（后述），讲述“尸”的再生、升仙的经典，是为在墓前举行的墓葬仪礼而编纂的经典。镇墓石是在一系列墓葬仪礼中被埋入地下的，是为了祈愿墓主的再生、升仙（救济死者）。镇墓石是构成这仪礼的一个要素，和道士所做的宗教仪式是一套整体。详细的科仪（与道教规范相应的行为，道士念诵的咒文、镇墓石的掩埋方法等）在这本经典中也有明确记述。

因此，镇墓石本身也具有上述的意味和效用，它自身不是一个单独的完整的存在。由于镇墓石仅作为一个物品遗留在墓中，所以，其特异性往往容易吸引人们的视线，其实更值得深深思索的是隐藏在其背后的一千数百年前在墓前举行的宗教仪式，只有那样才能够把握当时道教的信仰、道士在社会中所起的作用以及墓葬习俗文化的真实情况。

二、两种咒文的内容和功能

◇ “大梵隐语” 具有使死者得到救济、 成仙的咒力

“大梵隐语”就是用神秘的字体写在镇墓石上，在前文称为符篆文或秘篆文的东西。意思是大梵天所说的隐语，把天上神界的语言转化成了人间的文字。收录于道教经典的《道藏》卷头的《灵宝无量度人上品妙经》（以下称《度人经》）卷一中，题目为“元始灵书中篇”的文章即指大梵隐语。（上面谈到的《五炼经》引用了大梵隐语）

大梵隐语四个字为一句，每两句（八字）为一对，全篇共三十二对，表示道教中被称为三十二天（死后的天界）的天帝的名号。将这三十二天，每八天一组分配给四方，即为“东方八天”“南方八天”“西方八天”“北方八天”，以楷书表示，如下所记。（由于文章用隐语所写，难以理解）

《灵宝无量度人上品妙经》卷一

《元始灵书中篇》（大梵隐语） =各方位六十四字

东方八天	南方八天
亶娄阿荅　无恕观音	南阎洞浮　玉眸诜诜
须延明首　法揽菩昙	梵形落空　九灵推前
稼那阿奕　忽诃流吟	泽洛菩台　绿罗大千
华都曲丽　鲜菩育臻	眇莽九醜　韶谣绿邅
答落大梵　散烟庆云	云上九都　飞生自骞
飞灑玉都　明魔上门	那育郁馥　摩罗法轮
无行上首　回跖流玄	霐持无镜　揽姿运容
阿陀龙罗　四象吁员	馥朗廓奕　神缨自宫

西方八天		北方八天	
刀利禅猷	婆泥咎通	玃无自育	九日导乾
宛薮滌色	太眇之堂	坤母东覆	形摄上玄
流罗梵萌	景蔚萧嵎	陀罗育邈	眇炁合云
易邈无寂	宛首少都	飞天大醜	总监上天
阿滥郁竺	华莫延由	沙陀劫量	龙汉瑛鲜
九开自辩	阿那品首	碧落浮黎	空歌保珍
无量扶盖	浮罗合神	恶奕无品	洞妙自真
玉诞长桑	栢空度仙	元梵恢漠	幽寂度人

五方中，下记黄帝中元天文有别于大梵隐语，不是隐语。

黄中总炁，统摄无穷，

镇星吐辉，流炼神宫。

＊注：中元天文十六字。“炁”即“气”。

在前述的《五炼经》中，这种楷书文原本用秘篆文所写，例如，上面的“东方八天”相当于“灵宝青帝炼度五仙安灵镇神九炁天文”。所谓天文，指由天界降临的文章，又叫天书、真文。

在此简要分析一下何为道教的天界（死后的世界观），因为这对于理解救济死者非常必要。（参照 88 页的“天界的重层构造和四方镇墓石配置图”）

天界被认为是垂直重叠，由下自上一层一层构成的。依次为：

“欲界六天”＊注：省略各个天名，下同。

“色界十八天”

“无色界四天”

以上“三界”（二十八天）构成了下层部分，其上层设置：

“四种民天四天”

到此共是三十二天。更上一层是：

“三清境三天”

接下来是最高天的元始天尊君临，统辖全天界，设有：

“大罗天一天”

此即三十六天说。

天界的特性是：

- 最下层的三界是受生死支配的世界

- 四种民天是超越生死的世界［天·地·人的三灾无法波及此处，是种民（选民、好弟子之意）所住的地方］

- 再上面的三清境一改其性质，成为仙界。三天分别是：太清天里住着神仙，上清天里住着真人，玉清天里住着圣人。越往上地位越高，是仙人的世界

- 再上面是大罗天，即神的世界。这里再度改变性质，是神的领域，人无法到达

以上是天界的大概情况。

那么，回到原来的正题上，前面说的大梵隐语到底隐藏着什么功能呢？

这是一段咒文，通过反复诵读该咒文，使天神降临，将此人（死者）的功绩、阴功（隐藏的善行）向诸天地说明，同时在三界（死者的下层的世界）召统治死者的魔王，束缚群妖，消灭恶鬼邪精。以这样的方法让死者的灵魂平安通过三界各层，向上层的天界飞升，然后可以参拜天帝。参拜天帝就是升到仙界成为神仙，就是升到前面提到的三清境的意思。

这就是大梵隐语拥有的咒力，从隋到唐代一直被出家者、居家信徒甚至贵族阶层所广泛信仰。

此大梵隐语被刻在镇墓石上，祈求亡魂的救济和升仙，它构成了镇墓石的主文。

◇ “镇文”——推动升仙、再生、永生的咒术

继《五炼经》各方位的秘篆文后，该镇文用楷书记载。

前述的大梵隐语对各墓主都采用共通的固定文式。而镇文基本上也采用共通的固定文式，但以实际出土的例子来看，由于墓主个人情况的不同，文章格式有所变化。所以，首先要指出的是，镇墓石制作之际，反映了墓主的特殊情况。其变化反映了当时是如何看待灵魂和肉体（尸、遗体）关系的。（参照第六章“被杀者镇文的变化”，但是，毕竟经典里都是标准文本，实际应用中的变化情况都未被记载）

那么，镇文里都写着什么内容呢？

（这个镇文中，中央镇文与四方镇文稍有差异，但基本各方位都同文，故举“西方镇文”为例说明）

首先，将《五炼经》的镇文原文（文本）全文划分为短句，抄录如下：

“西方镇墓石的镇文”（原文）

1 西方七气素天，承元始符命，

2 告下西方无极世界土府神乡诸灵官。

3 今有太上清信弟子　某甲，

4 灭度五仙，托尸太阴。

5 今于某界，安宫立室，庇形后土。

6 明承正法，安慰抚恤，

7 素灵哺饴七气素华，

8 精光充溢，炼饰形骸，

9 骨芳肉香，亿劫不灭。

10 西岳华山，明开长夜九幽之府，

11 出某甲魂神，

12 沐浴冠带，

13 迁上天府，

14 供给衣食，

15 长在光明，

16 魔无干犯，

17 一切神灵，

18 侍卫安镇。

19 如元始明真旧典女青文。

该镇文的详细解说放在下一章，现在仅看一下它的大概：

某甲（此处写墓主名）灭度（死亡），托（向管理冥界的官吏托付其之后的支配）其尸于太阴（死者去的冥界地狱）。今在某界（葬地）庇后土（埋葬）。死者在这里承正法。素灵（西方的神明，素是白色，西方的颜色）提供膳食，用饱含新鲜精气的光充满空间，整理死者的遗体，使其亿劫不灭。西岳华山（中国的东西南北中五岳神明的其中之一）打开位于其下的长夜九幽之府（冥界地狱），把墓主的魂神救出，使之升到天府（天上净化再生的宫殿），让他在充满光明的世界里安宁地得到永生。

正如以上镇文中所见，当时认为人死后都要去地狱受苦（因人生前罪孽深重）。从那个黑暗的地狱救出死者（魂），使之在天上界成为净化之身得到重生而长生（变成神仙），要通过咒术一步步完成，这就是当时道教救赎死者的思想，是升仙信仰的“彼岸”。

三、两种咒文的不同作用——教理与实践

以上是刻在镇墓石上的两种咒文的大致内容。对于死者灵魂的去向问题，两者都以天上的仙界作为目标，祈愿死者在那里得到净化，重生为长生之身（仙人），能被众多的神灵庇佑着平稳地生活。

那么，刻在镇墓石上的这两种咒文起到什么作用呢?

最初的咒文首先揭示了道教的死后世界观。“大梵隐语”是《度人经》经文的一篇，在此被引用，象征了其背景为《度人经》。《度人经》顾名思义，就是让无量（无数的人，万人，众生）人得“度人”（救济，度 = 渡，渡到对岸，从凡入圣）的经书，通过诵读《度人经》，可以把身处冥界地狱的灵魂救到天界。也就是构建了回归宇宙根源、生命源泉的宏伟的世界观。《度人经》就如同一根“通达天空的高大柱子”。

亡魂通过大梵隐语所持有的咒力，穿过围绕在中央这根高大柱子四周（从东开始按顺时针方向去往更高的层次）的三十二天，呈螺旋状旋转一周上升，被引导着升到上层的天上界。埋在（每八天埋一块）墓域四方的镇墓石（大梵隐语）构成了这样一幅大的构图。

镇文的作用又是什么呢?

镇文在前文设定的基本框架中，具体地记录了每个墓主灵魂的升仙、再生、永生的手续及步骤等。这是以“五炼生尸之术”，借助神灵的作用而不断使之前进，可以说发挥着实践性的作用。（镇文的详细解释参照第四章）

【补记　关于天界的平面，多层构造】

将三十二天分配于四方，这与中国传统的方位观念相关。虽三十二天可以在平面上扩展，但后来作为天界的原有观念受到了佛教的强烈影响，道教也变为多层构造。但是，在五方五精石这些镇墓石上，这三十二天被分配在了东南西北四方，如前文所述，表现为螺旋状上升。的确也存在平面和立体融合的螺旋构造天界说，但此处不同于上述观念。另外，四方各八天用多层构造可展示如下。

天界的重层构造和四方镇墓石配置图

（三十六天）

镇墓石	序号	天名		分类		层	说明
	36	大羅天				上层	元始天尊不動之処
	35	玉清	③	三清境			証果極地無上三天
	34	上清	②				
	33	太清	①				
北方鎮墓石	32	太極平育賈奕天	④	四種民天			断生死、三災不能乃
	31	龍変梵度天	③				
	30	玉隆騰勝天	②				
	29	無上常融天	①				
	28	秀楽禁上天	④	無色界	三界	下层	不免生死（「三界」二十八天）
	27	翰寵妙成天	③				
	26	淵通元洞天	②				
	25	皓庭霄度天	①				
西方鎮墓石	24	無極曇誓天	⑱	色界			
	23	上揲阮楽天	⑰				
	22	無思江由天	⑯				
	21	太黄翁重天	⑮				
	20	始黄孝芒天	⑭				
	19	顕定極風天	⑬				
	18	太安皇崖天	⑫				
	17	元載孔昇天	⑪				
南方鎮墓石	16	太煥極瑶天	⑩				
	15	玄明恭慶天	⑨				
	14	観明端静天	⑧				
	13	虚明堂耀天	⑦				
	12	竺落皇茄天	⑥				
	11	曜明宗飄天	⑤				
	10	玄明恭華天	④				
	9	赤明和陽天	③				
東方鎮墓石	8	太極濛翳天	②				
	7	虚無越衡天	①				
	6	七曜摩夷天	⑥	欲界			
	5	元明文挙天	⑤				
	4	玄胎平育天	④				
	3	清明何童天	③				
	2	太明玉完天	②				
	1	太黄皇曾天	①				

（此图为原著扫描）

四、黄帝中元天文的含义——辟邪、净化、再生的祈愿文

刻在中央镇墓石上的秘篆文，与配置在四方的“大梵隐语”不同，如前所述，它有十六个字，意思明了。（照片 10）

黄中棇炁，統攝無窮。鎮星吐輝，流煉神宮。

黄中棇炁
統攝無窮
鎮星吐輝
流煉神宮

注：“棇”同“総”

照片 10　成都东郊北宋张确夫妇墓的“中央镇墓石”

表 1 镇墓石一览表编号 11

《文物》1990 年第 3 期

其意为“黄帝在中方八天总理着精气，统摄范围没有穷尽，中方星神镇星吞吐着光辉，保护着死者的墓宫”。（参考王育成《唐宋道教秘篆文释例》）

由此可知，中央镇墓石所在之处就是灵枢所在之处。黄帝位于中央最高的位置，在那里管理统辖一切的精气（四方的“大梵”就是“气”）。中方星神的镇星以其耀眼的光辉守护着墓宫，亦有辟邪镇压、安镇亡灵的作用。

可以认为，这与在唐墓中经常见到的地下玄室穹隆型天棚上所描画的日月星辰天象图有关联。中元天文中所谓的镇星位于天的中央，静止不

动，乃统治万象的宗主，统治星辰与自然之神，是闪耀着黄色光芒的北极星。

另外，关于中元天文，四川省官渠埝的宋墓出土的“厌胜石”上写着：

“华盖神宫，统摄无穷，五星璇玑，九阳皆同……”

另外，前示镇墓石一览表中的12王宜人夫妇墓伴出的“旺气神石刻”上写道：

“华盖宫旺气神，赵公明字子都，冢墓之中，百禁诸忌，御五土之精，转祸为福，使真魂安静……子孙荣显……”

中元天文均与这些相关。“华盖神宫”和“华盖宫”，是将以北极星为中心的星座比作宫殿，设想在墓中，支配着土中诸神，镇压邪气，转祸为福，使灵魂得到安息，可以给子孙带来繁荣。散发旺气的“华盖”，可以镇压邪气，给心灵带来安稳，这些均与中原天文有相通之处。［这里的“华盖”参照了原田正已的《鲁迅生死观的片影》，《东方宗教》33、34期合并号（1969年）之二“华盖集”］

诚然，如果把墓券类的“华盖”视为覆盖墓中玄室的圆顶，那么同时也可以看作是位于更高更宽广的天空中覆盖着这个世界的“穹盖”（天空）。如此一来，中元天文所说的内容，就是在这个穹盖下正在发生的景象。正因为如此，“华盖”和“中元天文”，在意义和作用上有着很多重合之处。值得注意的是，“华盖”这个词大概具有咒术的意味。（根据前面所引用的原田正已氏的观点）

那么，中元天文里所说的“精气的管理”“旺气发生”的华盖宫，与镇墓石祈愿的主题即死者的再生和升仙，有着什么样的关系呢？解答这个问题的关键词是“精气”。

也就是说，作为镇墓石（五方五精石）依据的《五炼经》和“五炼生尸之法”中的“五”，即“五方的精气”之意。“炼”即“三涂五苦饿鬼的白骨接受了新的精气而实现了还魂再生”之意（参照第四章第四节）。由此看来，尸体要实现再生，重新得到这种精气是必不可少的，精气是复活的重要因素。正如《淮南子》“精神训”中写的“精气为人”，精气是人之本。

另外重要的一点是，中元天文的“镇星吐辉”和华盖宫的“镇压邪气”，表示“三景”，即象征日月星辰之景（光）。那洒下的光芒祛除妖魔邪气，守护墓宫的平安，洗净死者以防腐烂，促使精气向新事物转换，等待灵魂的归来，包含着辟邪、净化、再生的意思。可以说这与镇文里所说的“天府（南宫）”乃天上界净化、再生的宫殿相一致，构图相同。（参照第四章第二节中第六行的“天府”。）

综上所述，可知中元天文是为死者所作的辟邪、净化、再生的祈愿文。

第四章　尝试解读镇文

——镇文所显示的救赎、升仙图

对于先前所说出自《五炼经》的镇文，下面稍作详细介绍。

以“西方镇文”为例解说如下。中央镇文和其他四个方向的镇文稍有不同，此处略去这一点。

一、镇文的整体结构及内容——关键词为“太阴”与“天府”

首先，以第十行的西岳华山为界，大致可分成前段和后段。

其要点是，前段祈愿把“尸”（死者）送到太阴（地下的冥府），后段祈愿救出灵魂使之升上天府（天上再生的宫殿），成为净化的神仙之身，再生、继而得到永生。

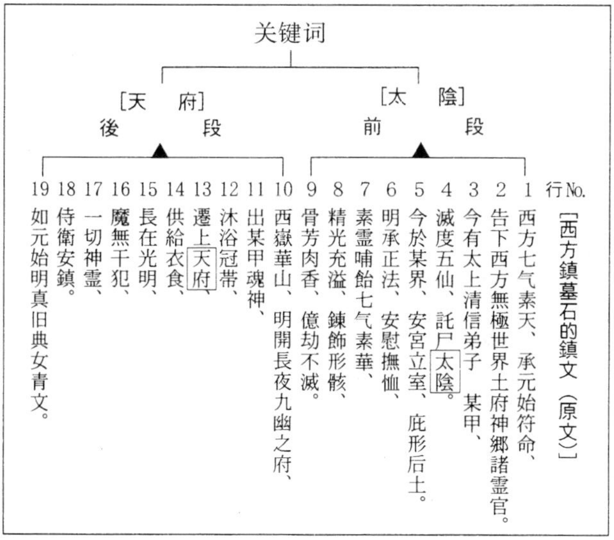

（此图为原著扫描，仅对个别日文做了处理）

前段：“太阴” ＝地下冥府。从黑暗的地狱被救出。

后段：“天府” ＝在天上界再生、长生。

“太阴”与“天府”作为关键词构成了镇文，关键词所具有的意义本身说明了镇文的主旨内容。

这种祈祷是依靠一种法术（尸的再生），借助许多神灵的力量来进行（在冥界中的路径）的咒语。

二、镇文内容解析

下面，在补充每个用语意思的同时，试着解释这篇咒文。

［第 1 行/西方七气素天，承元始符命］

- **西方七气素天**

所有方位是东方九气青天、南方三气丹天、中央黄天、西方七气素天、北方五气玄天。

分配在五个方位的气的数量和“灵宝赤书五篇真文”同数，但与“五行”分配的数量（东八，南七，中央五，西九，北六）不同，其特异之处是没有中央的数量。另外，五帝颜色的配置是东方青、南方丹（朱）、中央黄、西方素（白）、北方玄（黑）。

● 元始

也就是元始天尊，是隋、唐代道教界的最高神。这篇镇文告诉我们，整篇镇文是由元始天尊（天帝）下达的命令文。

● 符命

是天帝下达的命令、咒文其中的常用语。

［第 2 行/告下西方无极世界土府神乡诸灵官］

● 无极世界

指地下冥界。和生者所在的人世间一样，冥界也被认为有高度的管理组织。这在许多经文中均有描述，“土府神乡诸灵官”，是直接管理死灵的冥界的官吏、诸神。

另外，在道教中，提到“冥界”“冥府”等死者的世界时，大致和佛教中所说的“地狱”意思相近，认为人不管是谁死后都要去地狱。人们都害怕生前的恶行被审判，遭受刑狱之苦。

［第 3 行/今有太上清信弟子 某甲］

● 清信弟子

清信弟子，在唐代表示接受了若干经戒的道士的法位，其法位较低（初级的第四级），尚未获得“箓”（道士的位阶，确定能够举行礼仪范围的证书）。之所以被冠以“太上”，是因为还有其他为“大道清信弟子”的称号，所以要区别。

但是，此镇文是对不特定多数死者的称呼，所以，可理解为它不是指某个特定道士的等级，而是指广大热心信奉道教的信徒（包括从在家信道者到初级的道士、贤者）。

可以认为其意思是把死者当作“道的修行者、信者”送到冥界。

● **某甲**

用于称呼墓主

［第 4 行/灭度五仙，托尸太阴］

● **灭度**

意思是死亡。超越生死的迷茫（灭），渡向彼岸（度）。

● **五仙**

（我不太理解）也许是让死者的灵魂上升到五方的仙界（就是死亡）。

“五仙”指各方位的天文，例如，指西方时，在标题“灵宝白帝炼度五仙安灵镇神七气天文”中也能看到。

● **尸**

“尸”指遗体，即记载此篇镇文的经文《五炼生尸妙经》中的“尸”，是连接后文“再生”这个概念的伏笔。“尸”还有尚未完全到达死亡的“在生与死之间”的意思，一般都认为尸就是魂魄形骸离开，已经死亡了的死体、躯体，这里应与一般看法不同。

● **太阴**

其他方位中，东西南北均为太阴，只有中央为玄阴。

太阴指地下冥府，但并不是单纯的冥府。

“太阴乃积道炼形之宫也。贤者道人避世托死。在太阴中，炼成新的肉体，而在别处再生。俗人无善功而死便真死，属地官去也。”（《想尔注》《没身不殆》要旨）

把太阴当作得道者炼形再生之所的道教经典是《想尔注》《真诰》。另外在《太平经》中，太阴被说成是检验人行为善恶、削减寿命的冥府。因此，贤者道人死而不亡且长寿，俗人死了则为亡。

太阴的再生说，是在现世的人活着即长生不老的神仙说陷入困境时，受佛教的影响，在道教的宗教意义上，对死者再生思想形成初期进行说明时提出的一个特殊场所——冥府。

太阴相对于太阳——天，它位于地下，被比作冬、北方，它与死者要去的地方相通，与太阳相对，被当作月亮。由于月亮有从月缺再月圆的能量，所以也与月亮再生复活的神话相通。

关于中央的“玄阴”

由于和幽远、暗、黑、北方相通，所以作为“太阴”的同义词使用。另外有“玄冥”这个词，它原本是“水神”，因为水在五行中对应北方，所以“玄冥”被认为是北方之神、冬之神。词义是“黑暗幽冥”，所以，“玄冥”=“玄阴”=“太阴”是相通的。（虽然不知道单独把中央分开使用的理由，但这似乎与中央有玄室和棺，是特殊场所有关系吧）

[第5行/今于某界，安宫立室，庇形后土]

• 某界

指坟墓所在的地方。

• 安宫立室

安宫（垣、坟丘周垣的内部=墓域，或寝宫）立室（地上的祠堂或墓室）。挖掘墓穴，建造建筑物，会突然扰乱一直以来平安的土地神，于是要祭祀守墓神（后土神），安抚陵园，保护墓地和墓室，祈祷平安。有这样的墓祭仪礼。

• 庇形后土

就是把形（尸体）庇（埋葬）于墓地的意思。

不单是说放入墓穴、敛入棺木，而是表达了如同得到守墓神无微不至的照顾和保护的含义。

这也包含着“得到神灵的帮助，可以保护形骸完整，从而再生”的期待。

解说1

以上内容是：天帝（元始天尊）下属的使者（西方七气素天）接受天帝的命令，再下达给自己下属的某个冥界的官吏（直接管理死者），宣布新遣送的死者，委托其善后。就是这样一种形式，这种形式和汉代墓券文句式相似，是镇墓文的基本形式，重要的是“托尸太阴”写明了死者的去处。

这为后文中阐述死者的再生升仙埋下伏笔，通过不断向使者下属的神灵们传达进一步的命令文而明了。从再生和太阴的关系，可以理解死者是信道之人的理由。（参见“清信弟子”的解释）

［第 6 行/明承正法，安慰抚恤］

● 正法

法即“五炼生尸法”（尸体再生之术）。

《度人经四注》卷三中记载：“道言夫未学道浅，或仙品未充，运应灭度，身经太阴。临过之时，同学至人，为其行香，诵经十过，以度尸形如法，魂神径上南宫，随其学功，计日而得更生转轮不灭，便得神仙”。严东注释道：“死者说皆过太阴之官。”另外，薛幽栖注解道：“诵经十遍，临终之际，共度尸形，则存者获济拔之功，亡者得度魂之福，正如法所说，这些乃依据五炼生尸法也。”

如前所述，《度人经》写成之时（5 世纪初期），正如经典题名《灵宝无量度人上品妙经》所示，“无量度人”也就是不特定地救赎所有的人，将救赎对象扩大到千万人的范围，使过去只作为特定精英层复活场所的太阴，成为所有死者的去处。

与此同时，重新在天上界设定了“南宫”，作为死者再生、升仙的场所，并备有“五炼生尸之法”这种尸体再生的方法。

此镇文是在这样的背景下制定的，著者认为这里的“法”指的是“五炼生尸之法”。这在镇文后半部分的“天府”（南宫的别称）中也提到，并且这篇镇文被收集在《太上洞玄灵宝灭度五炼生尸妙经》中，书中也说明了这一点。

作为更高层次的解释，所谓“正法”，也可以认为是指在法术背景下的“度人经”中所说的“救济万人”这一“道教教义”。

- **抚恤**

慈善，体恤。

［第 7 行/素灵哺饴七气素华］

- **哺饴**

如下所示，各方位的神灵分别给死尸嘴里装满各种鲜美的食物。

东・青灵　九气朝华

南・赤灵　三气丹池

中央・黄元　流注丰渊

西・素灵　七气素华

北・玄灵　五气玉滋

这是给予其五方之气的精髓而促进五脏再生的方法，是一种咒食。

［第 8 行/精光充溢，炼饰形骸］

- **精光**

十分明亮的光芒。是一种促进新生命活动的、包含清新精气的光。

- **炼饰形骸**

修炼形骸（尸形）（使其达到理想状态），装饰身体使其漂亮、完美。

解说 2

6—9 这四行，相当于“五炼生尸法”经典中的“……诵经十过，以度尸形如法……”部分。这是针对五方神灵所下的命令，令按其行动。（第 9 行“骨芳肉香，亿劫不灭”参照本章之后的第五节）

继前面的引用文之后是“……魂神立即登上南宫……”。这在镇文中的第 10 行以后也有所记载。

［第 10 行/西岳华山，明开长夜九幽之府］

• 西岳华山

其他的方位为：东岳泰山、南岳衡山、中岳嵩山、北岳恒山

之所以列举中国灵山五岳，是因为人们认为五岳的下面有死者前往的地狱，所以，这里是合五方之气而为五岳吧。（南岳在古时候是霍山）

• 长夜九幽之府

指冥界的地狱。佛教中的地狱在地下深处，被认为是层层叠叠的，而道教中的地狱有多种说法，被认为是平面的，也就是九幽地狱，总之是说存在于九个方向（五方和四角）。但这里的九幽却不是这个意思，它指的是五岳之下的地狱（太阴）。长夜即黑暗的世界，“九”代表“大”或“多”的意思，是无边无界之幽冥地狱的意思。

［第 11 行/出某甲魂神］

• 出某甲魂神

“出”的意思是打开长夜九幽之府把死者的灵魂从地狱救济解放出来。

［第 12 行/沐浴冠带］

• 沐浴

“沐”为洗头发，“浴”为洗身体，就是洁净全身的意思。

• 冠带

戴上冠帽，系上带子，整齐装束。

［第 13 行/迁上天府］

• 迁上

向上迁移，被提升到天上界。

• 天府

所有的方位是：东・南宫、南・南宫、中央・南宫、西・天府、北・天府。

虽然不知道分开使用南宫和天府的原因，但应该是同义。经典中常常使用南宫。南宫在天上界，是使死者的灵魂得到净化、再生的地方，也被称为“朱火宫＝朱宫”。朱色（赤色）即五行中的火，因方位在南所以称为南宫。而且南方是太阳能量最充足的地方（再生之源），在这里利用丹天之火炼成身体而使其再生。

在《度人经四注》第二卷中有“元始符命，时刻升迁北都寒池，部卫形魂，制魔保举，度品南宫，死魂受炼仙化成人。生身受度劫劫长存，随劫转轮，与天齐年，永度三涂五苦八难，超凌三界逍遥上清……”。［元始（天尊）下令，立即升迁。在北都（酆都地狱）的寒池（刑罚之池），（在此身体被捕获的死者）形骸（身体和灵魂）得到护卫。制服魔王（统领升迁的过程中在“三界”管理死者的魔王们）并为之保举（保证拥有升迁的资格，上升到仙界），将品（死者＝死魂）超度到南宫。死魂受到磨练，仙化成人。生身（生者，首先复苏的人）受到超度，直至亿劫仍然永生，随劫而轮回，寿年同天（随着劫的循环，生命也同样循环，和天一样长久永生）。逃脱漫长的三涂、五苦（阻碍人变成仙的厄难＝三恶门、五道五苦）之八难，超越三界，在上清界（天界之中位于上层的上清天，即仙界）逍遥］

＊注

保举：魔王依照所有人做过事情的善恶，保证推举那些为善的人成为有资格成仙的人。

仙化成人：以“仙”的性质再生之意，指被净化、拥有永劫化之身的人。

如上所述，南宫是为净化、再生、永生而存在的天上之宫。但南宫并不是最终目的地，仅仅是来世的一个过程，在此积累更多的功德从而能向更高层的神仙世界上升。南宫是支撑救赎死者思想的主要舞台。

［第 14 行/供给衣食］

●供给衣食

在天上界再生之后，便自然有了衣食。天仓中（取之不尽用之不竭的天上仓库）永久地提供衣食，称之为“衣食自然”或“衣饭天厨”。

［第 15 行/长在光明］

● 长在光明

在光明的天上界永生，成为不死之身（仙人）得以长生，不久便升上更高层的上清天，在那里成为真人，获得永生之身。在前面南宫一项里引用的《度人经》之文的后半部分有说明。

［第 16 行/魔无干犯］

● 魔无干犯

天界的魔王们，被道之法力制止，不能抗拒或妨碍。

在前文“南宫”中提到，为了升仙有必要得到魔王的保举。此外，在《度人经四注》的第二卷中，有“魔王监举无拘天门”之句，严东的注解有“人得魔王保举，径升三清，得经天门无所拘碍，逍遥上清也”（人得到魔王的保举立即升上三清天，可以不被妨碍地就经过天门直至上清天逍遥），便是指此事。

基于道教宇宙观的天界构成，前章已有所涉及，即三界（欲界、色界、无色界）之上有四种民天（四梵天），在此之上还有三清境之太清天（神仙的居所）、上清天（真人的居所）、玉清天（圣人的居所），三清天之上便是元始天尊君临天下的大罗天。前面引文中所说的在天门不被阻挡直至上清天，便指到达真人的世界。

［第 17、18 行/一切神灵，侍卫安镇］

● 一切神灵，侍卫安镇

在天界有各方诸神，所有的神灵都护卫着再生的仙人们，并为了让他们生活得安稳而安镇他们。

［第 19 行/如元始明真旧典女青文］

• 如元始明真旧典女青文

道教咒文最后，经常使用“急急如律令”（十分紧急的，就是像律令规定的那样，紧急执行的意思）。这句话借用汉、魏时代公文的形式，是一种以权威为背景的写法，咒文的内容与律令并没有什么关系。

但是这个镇文，其咒文的内容与“女青文”有密切的关系。事实上确实存在的经典《女青文》，这个镇文中所说的种种事情均按照《女青文》中说的来执行。但《女青文》早就失传了，幸运的是现存的《笑道论》中有涉及《女青文》的内容（有关死者再生的）。以此可推断《女青文》与这个镇文有关联性，这一点后文还会论述。

解说 3

镇文中的后半部分，祈愿将死者灵魂从冥府中救出，迁至“南宫”并在此再生，而且在充满光明的至福世界受到各方神灵的庇护，从而得到永生。

这一部分可以说是镇文的主要部分。虽然未使用“再生”这一字眼，但是“天府（南宫）”一词象征了此意。

三、再生场所从太阴到南宫说的变迁

综观整个镇文，从“西岳华山”处可分为前半部分和后半部分，前半部分的关键词是“太阴”，后者是“天府”——祈愿的最终目的。

无论是“太阴”还是“天府”，都是死者炼形、再生的地方。所谓“死者再生”就是宗教的救赎思想。“太阴”是历史上早期的思想，其救赎的对象也只是贤者、道人等有限的人群。（《想尔注》）与之相对，后者在其后把救赎的对象发展为万人救济（《度人经》）的过程中，“太阴”被用作原本的“冥府”。人死了，全部要去太阴（冥界地狱），在那儿得到魔王的保举被救赎，才可以迁升至“天府（南宫）”得到再生。这篇镇文就是在这样的历史变迁背景下写成的。

太阴和南宫的决定性差异在于，太阴是地下的冥府，而南宫则是天上界（因此也叫作天府）。所以在镇文的前半部分是“托尸于太阴，庇形于后土，埋葬土（墓）中”，后半部分则是“迁上天府”。

中国古时候认为人死后，他的形魄便会归地，而灵魂因不灭而升天，墓地没有封土，也不在这里举行祭祀，也无人来祭奠死者。受重视的是灵魂，一般在墓地以外的别处建造祠堂、庙宇，来祭祀死者，他们认为死者的灵魂会降临在这里。

如果一直保持“魂气归天，形魄归于地”（《礼记·郊特牲》）的思想，就不必拘泥于任何坟墓，也不会产生许多陪葬品和装饰墓室的习俗。

但是，作为人类的自然情感，人们认为灵魂生活在存有尸体的墓中，墓被当成死者的住宅（阴宅），秦朝之后，渐渐演变为于墓地建立祠堂，在那里祭祀祖先。人们认为，在祭祀活动时，亡魂会从墓地中走出来到祠堂去接受子孙的祭奠，因此在祠堂里有很多祭祀祖灵的画像。这种思想的变化，引起了人们对墓地的极大关注。若没有这样的变化，那既不会有中国的墓葬文化，而且精神史也会最终走向别的发展方向吧。

四、令尸体还生的“五炼生尸之法”

“五炼生尸”的含义：“五”指“五方之精气”；“炼”指“三涂五苦饿鬼白骨受气还魂而再生”。（胡孚琛主编《中华道教大辞典》，中国社会科学出版社，1995 年，516 页“五炼斋”）

本稿所论述的镇墓石，也就是“五方五精石”（五方五精之镇墓石），是依靠法术祈愿死者再生升仙之物。

这里所说的“白骨受气还魂”，即人是由形（肉体）和魂魄所组成，也可以说是由气所组成，认为人的生死是依靠气的聚散。众所周知，人的魂魄在其结合状态即将结束时，死亡便来临了，这时魂气回归上天被称为“神”，而形魄归地被称为“鬼”。而道教中认为死者可以再生，也就是说可以反过来考虑。

例如，从鬼的世界里复活升到仙界的传说，曾出现在古老道典之一

《真诰》中。书中所描写的鬼被称为“地下主者”，是指生前有德之人（例如至忠至孝、上圣之德、阴德 = 拥有不为人知的隐藏之德的人……）。根据排名最高的第三等地下主者的记述（《真诰》卷十三稽神枢第三）：

> ……受学化形，濯景易气，［得到仙学 = 学到炼形之术，令身体变化，用从天而降的景（光）澄清自己，换上新的气息］
>
> 十二年，气摄神魂，（经过十二年，气能养神）
>
> 十五年，神束藏魄，（经过十五年，神魂能聚集五脏之魄）
>
> 三十年，棺中骨还附神气，（经过三十年，棺中之骨可以再次回复神气并附着其身）……
>
> 接着四十年就可以恢复原有的姿态……
>
> 百年就可以进入仙界的宫殿（昆仑·瀛洲）。

上述之事，是在冥界进行的过程。是从获得“新气”开始的，后来添加了南宫说，最后发展成“五炼生尸之法”的法术。

上述《真诰》的引文中“受学化形，濯景易气”的说法，与这篇镇文中“精光充溢，炼饰形骸”很吻合，祈愿保持“骨芳肉香”，不久就能魂还尸体。

五、“骨芳肉香，亿劫不灭”的含义

如上所述，死者生前都有罪而到了太阴（冥界地狱），被幽禁在暗夜中，十分痛苦。故从冥界的救赎便成为了重要的关注点，于是，人们开始宣扬对死者的救赎思想，相信冥府的幽魂被救赎后，在天上界（天府·南宫）可以获得再生成为不死之身（仙人），从而可以永生。

这时，首先得到救赎的是灵魂，但并非与尸体、形骸分离而毫无关系。自古以来死者的再生、复活、升仙都不能缺少“带着身体”。因此，对于“身体”的强烈情感在道典中被接受并继承了下来。例如，《度人经》卷一的开头“……说经十遍，枯骨更生，皆起成人”，还有《五炼经》中出现很多的“白骨受气，朽尸还魂”“朽骨超步（站起来行走）”等等这样的句子，说明无论是生命的回复还是死者的再生，依靠的是朽骨。所以，没有朽骨（遗体）的人，很遗憾不能再生。

另一方面，因为死者再生是在冥界，故自然有岐义，不同时代、不同人的解释也有差异。但死魂与身体总是纠缠在一起的。前文提到的南宫说，认为被救赎的死魂在此修炼净化成人，可以理解为在仙界恢复人的形态，作为仙人永生，或者成为人类、重新做人。而这里可认为是在仙界的再生、永生。

此时，灵魂升上天，是否一直在天上界？其实并非如此，灵魂经过很长时间，又回到朽尸（还魂）里，然后在天上界复活，这种想法根深蒂固。因此为了这个时刻，要很小心地将身体（遗体）的形状完整地保护下来。

镇文中“骨芳肉香，亿劫不灭”也是这个意思，要根据五炼生尸之法来执行，这成为与后段再生、永生相关的重要前提，与世俗的死者想永远保持自己生前美好姿态的想法不同。这也是这篇镇文之所以成为咒文的原因。此外，这句话还有在天上界复活之后，随着劫的轮回，人生也随之轮回、同天一道长生的双重含义。

“骨芳肉香，亿劫不灭”这句话，是此篇镇文中最吸引人的一句，而那不过是我们凡人的伤感，但事实上这是死者再生永生的重要条件。如此说来，这篇镇文文章短小，却句句是精髓。

【补记　关于最后三句镇文的解释】

（行）

16　魔无干犯

17　一切神灵

18　侍卫安镇

前文解释这三句话接在“长在光明”之后。但另有一种解释认为，以“长在光明”为切入点，可能这三句话与前段镇文的文意有关。意思解释为，为保护坟墓、神宫和尸体，令邪恶之物不能侵犯，各方神灵均侍卫它使之安定（这样做是为了等待还魂时刻的到来）。

六、最终目标是仙化为人而永生

这样，由枯骨（鬼）而再生是自古就有的说法，意思是说回到当初的人，或者说再生为更好的姿态（太阴说）。南宫说的意思是，已经超越了“原来的人”而再生，死者在天上界的南宫，身心被净化，洗去污垢后，重生为拥有不死之生命的“仙人”。太阴说即使有净化的要素在内，其重点在“再生”，而南宫说的重点在“净化、永生”。

太阴说……地下，冥府，再生之所，得道者再生升仙

南宫说……天上，天府，净化永生之宫，救赎万人的思想

镇文中写道，在升上天界之际要“沐浴冠带”。这除了洗净污垢的意思之外，还有令其发挥“铲除（鬼界）邪恶事物”的咒力之意。这种咒力也许是渡过奈河桥进入天界时在天河水之中沐浴而得到的吧。此外，南宫是圣宫，若在此被炼成、再生的话，当然是净化过的身体，毫无疑问会“成为仙化之人”。之前见过的“濯景易气”同样也可以理解为是一种净化的过程，而南宫说里则要经过几次这样净化的过程才会达到仙人的境界，从而得到永生之身。

七、尸体再生与《女青文》的关联

北周（6 世纪后叶）的武帝时，出现了由于道教和佛教的争论而出名的甄鸾《笑道论》，其第六项“关于五炼生尸”一节，显示了《五炼经》中引用《女青文》的部分，如下所述。（现在的道藏所收的《五炼经》中这部分已经缺失，而敦煌出土的《五炼经》中还有存留）

《五炼经》中记载：

> 针对死者准备色绢，天子一匹，王公一丈，庶民五尺。……
> 准备五色的石板五枚并刻上玉文，并在屋外放置一夜，然后埋三

尺深。

《女青文》中记载：

（这样的话）九代之前的祖先之灵魂立即脱离了黑暗世界，进入光明的天上世界，有食物供给，经过三十二年，生返至原先的肉体。

臣子笑着说：

……仅仅只用五尺绢就能让九代之前的祖先灵魂进入光明的天上世界、经过三十二年能返回到原先的肉体，这是不可能的。这是一个荒唐说法，就此便明白了吧。……

（译文根据《东方学报》京都 六十册《笑道论译注》，1988 年）

前面提到的“五色的石板五枚”，指带有五方之色（青赤黄白黑）的石头，“刻上玉文”是写上五方的天文之意，“埋三尺深”是埋在墓地的五个方向，这就是镇墓石嘛！

《笑道论》虽然批判了《五炼经》中的“五炼生尸”和《女青文》中的“尸之再生”说，但据此也可以了解到在《五炼经》的背后有《女青文》。在《五炼经》中收录的此篇镇文形成之时，大概被称为《元始明真旧典女青文》吧。其中记载了尸之再生的过程，镇文最后是为让人速照此执行。

这样可以看出，《五炼经》（镇文）与《女青文》，在关于尸之再生法方面有着密切关联。此外，在《笑道论》的后半部分因有几句引人注目的文字，所以想说明一下。

在前引译文中“后略”的部分里有这样的记载：

试想想，若是《五炼》之文在天地分离以前出现，直至现在还有效的话，三十二年之后（死者）应该打开坟墓出来。但是在我的见闻中，从伏羲开始从来没有听说过道士的尸体或九代前的祖先从地下出来的先例，这是为什么呢？胡言乱语可笑至极。如今荒郊野外也有古墓，上面还开着洞，这难道就是道士的父祖重生的场所吗？真是奇怪的事情。

（文中两处“道士”下面的“·”是著者所加）

这是有关尸之再生之事，但引人注意的是“道士的尸体”或“道士的父祖”等说法。为什么非冠以“道士”的称呼？

可以认为是由于《女青文》最初是祈愿道士再生的。且《笑道论译注》中《女青文》的注释里，“女青”为女性死者，或者说是女道士。所以可以认为《女青文》本来是祈愿女道士或她们祖先再生的。

到了后来，即使不再限定为女道士，但也许是受《女青文》的影响，本文所列举的镇墓石墓主中有两位女道士（金仙公主、女道士李），此外俗人中也是女性居多（酆王妃崔、昭成皇后窦氏、寿王第六女清源县主），这些也有关联。另外，在此篇镇文中，墓主的名字上冠有“太上清信弟子”（道之信奉者），可以认为也与此有关。

第五章　各墓主的镇墓石和镇文（集录）

——镇文展开救济、升仙的构图

本章将集录实际出土的镇墓石及其上面所刻的镇文。

仔细观看秘篆文和镇文，就会发现脱落的字和石匠刻错的字，此处不涉及这一点。另外，我所显示的是实际所刻的文字情况。从近年有关发掘的简报等文献来看，有很多都换成了现在的简体字。

以下是各墓主的镇文。秘篆文省略。

（本章对所用图进行了编号）

集录一览（方位・○内为图录编号）

一、鄎王妃崔　　　　（西方①、北方②）

二、梁王（武三思）　（南方盖③、底④）

三、怀道　　　　　　（中央⑤）

四、昭成皇后窦氏　　（西方⑥，南方的图录见卷首插页）

五、金仙公主　　　　（北方⑦）

六、寿王第六女清源县主（五方均出土，以中央为例，盖⑧、底⑨）

七、女道士李　　　　（西方⑩）

八、韦湑　　　　　　（西方⑪，未集录中央、东方）

九、韦泂　　　　　　（中央，未集录）

十、大唐中宗孝和皇帝（中央⑫、东方⑬）

附（参考）：宋代的镇墓石

张确夫妇（北方⑭、中央⑮）

王宜人夫妇（北方⑯）

一、酆王妃崔

西方镇墓石（《西安碑林全集》九十三卷所收）

1 西方七炁素天元始
2 符命告下西方无極
3 世界土府神鄉諸霊
4 官*注1　順天皇后先考
5 酆王王妃崔滅度五
6 仙託質*注2太陰令於萬
7 年縣洪固鄉故里安
8 宮立室庇形后土明
9 承匹法安慰撫郦素
10 靈哺飴七炁素華精

11 光充溢練飾形骸骨
12 芳宍香億切不灰西
13 岳華山明開長夜九
14 幽之府昇*注3擢魂神沐
15 浴冠帯遷上南宮供
16 給衣食長在光明魔
17 无干犯一切神靈侍
18 衛安鎮如元始明真
19 舊典女青[文]

（一四八字）

（上文为原著扫描）

图录①　西方镇墓石

鄮王妃崔的北方镇墓石也已出土，但是未公开。以下是（西安长安博物馆所藏）拓片照片。(著者摄)

图录②　北方镇墓石

因为没有镇文的著录，所以参照了拓本。

＊注 1：通常此处有“今有”二字。

＊注 2：“質”，替换了文本中的“尸”字。“质”有“身、身体、实体、形式”等意。鄮王妃崔在岭南被杀，也许其遗骨不全吧。

＊注 3：“昇擢”。通常这里是写“出某甲”这样的墓主名的。此处没有“出”字，也没有墓主名。“升擢”为选拔出来提升之意。

以上的注 1—注 3 提出了很重要的问题，后文详述。这似乎都和被杀害有关联。(参照第六章)

［关于镇文文字］

第 1 行第 4 字：炁同“气”。

第 2 行第 7 字：无，“無”的古字。

第 4 行第 8 字：考，“考”的俗字。

第 9 行第 1 字：承，“承”的俗字。

第 12 行第 2 字：宍，“肉”的古字。

第 12 行第 5 字：刧，“劫”的本字。

第 12 行第 7 字：灰，通“灭”。(像灰一样消灭)

二、梁王（武三思）

南方镇墓石

1 南方三炁丹天承元
2 始符命告下南方无
3 極世界土府神鄉諸
4 霊官[*注1]大唐梁王滅
5 度五仙託質[*注2]太陰令
6 陪
7 順陵庇形后土明承
8 王文安慰撫卹赤霊
9 哺飴三炁丹池精光

10 充溢練飾形骸骨芳
11 肉香億劫不灰南嶽
12 霍山明開長夜九幽
13 之府昇[*注3]擢魂神沐浴
14 冠帯遷上南宮供給
15 衣食長在光明魔无
16 干犯一切神霊侍衛
17 安鎮悉如元始明置
18 旧典女青文（二三四字）

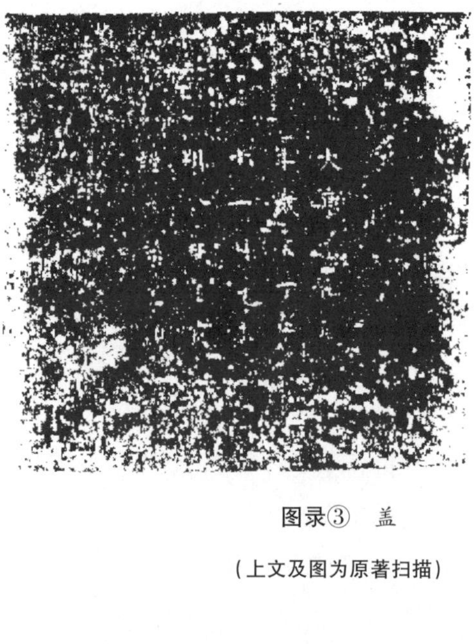

大唐景龍元
年歲次丁未
十一月乙未
朔八日壬寅
謹爲梁王鎮

图录③ 盖

（上文及图为原著扫描）

图录④　底

图片以及镇文均参照李子春《唐武三思之镇墓石》。（《人文杂志》1958年2期）

注1—注3同前面酆王妃崔的一样。武三思也是被皇太子重俊所杀之人。对于被杀之人，镇文的写法有一定的应用变化，所以在文本中有部分文字被改。

［关于镇文文字］

第5行第8字：令，应为“今”（为著录误读）。

第11行第6字：灰，“灰”的俗字，通灭。

第17行第8字：置，应为“真”（为著录误读）。

三、怀道

中央镇墓石

1 中央黃天承元始苻命告下中夫九壘土
2 府洞極神鄉四統諸霊宮今有太上清信
3 弟子懷道滅度五仙託尸太陰今王延陵
4 鄉安宮立室庇形后土明承正法安慰撫
5 鄙黃元哺飴流注豊泉練餝形骸骨芳穴
6 香與神同元億刧長在中英嵩高明開長
7 夜九幽之府出懷道魂神沐浴冠帯遷上
8 南宮供給衣食長在光明魔无忤犯一切
9 神霊侍衛安鎮依元始明真書典(汝)青文 (一四四字)

（上文为原著扫描）

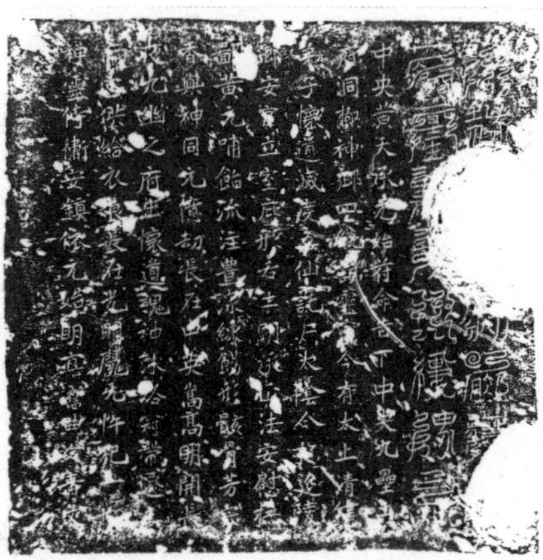

图录⑤　中央镇墓石

照片、镇文均参照1990年三秦出版社《咸阳碑石》所录。

中央黄天的镇文是一种咒文，与其他方位的镇文稍有不同，但文本大致一样。墓主的身份“太上清信弟子”的书写方式和文本上是一致的，只有怀道的镇墓文有这个身份。

因此，很可能这块镇墓石的制作年代是最早的。别的镇墓文与常见文本相比都有所变化，或者后人根本没有注意到“太上清信弟子”这个字眼。

另外，我们已经看过了那些惨遭杀害的人的镇文，怀道的与他们的没有类似之处，故可推断出武怀道不是被杀的。还有一种观点认为，墓主实际上是一个道号为怀道的“太上清信弟子”，但可能性很小，原因是其他镇墓石的墓主都是李氏唐朝的皇族或外戚，若这个墓主是一个有道号的人，其身份相差就太大了。

［关于镇文文字］

第 1 行第 8 字：苻，“符”的古字。

第 1 行第 13 字：夫，实际刻字为“央”。

第 3 行第 14 字：于，实际刻字为“扵”，“於”的俗字，通“于”。

第 3 行第 15 字：延，实际刻字为“迊”，“延”的俗字。

第 4 行第 8 字：后，实际刻字为“右”，“后”的俗字。

第 5 行第 9 字：泉，实际刻字为“湶”，同“泉”。

第 5 行第 16 字：穴，实际刻字为“宍”，“肉”的古字。

第 9 行第 14 字：汝，此处应为“女”。

其他还有几处用字不同。例：

安慰抚鄙（卹）；中英（岳）嵩高；魔无忤（干）犯。

还有最后“依元始明真旧典女青文”的“依”。

四、昭成皇后窦氏

出土的有南方（A）和西方（B）二石，显示如下。

●精石右侧从上至下

A：南方三炁丹天承元始符命告[*注1]天下南方无極世界土府神鄉諸靈官今有大唐睿宗大聖真皇帝李旦昭成皇后（44字）

B：西方七炁素天[*注2]元始符命告下西方无極世界土府神卿諸靈官今有大唐睿宗大聖真皇帝李旦昭成皇后竇（43字）

（上文为原著扫描）

图录⑥　西方镇墓石拓本（著者藏）

四周刻有镇文。从右开始顺时针刻字的形式，在其他道教镇墓券也可看到，是一种咒术的手法

●下边从右至左

A：竇氏滅度五仙託靈[*注3]太陰今于京兆府奉先県安宮立室庛形后土明承正法安慰撫鄆赤霊哺飴三炁丹池精（43字）

B：氏滅度五仙託靈[*注3]太陰今拎京地府奉先縣界安宮立室庛形后土明承㔷法安慰撫鄆素靈哺飴七炁素華（42字）

●左边从下至上

A：光充溢練髣形骸骨芳肉香億劫不灰南岳霍山明開長夜之府出睿宗大聖真皇帝[*注4]魂神沐浴冠帯遷（40字）

B：精光充溢練髣形骸骨芳肉香億切不灰西岳華山明開長夜九幽之府出睿宗大聖真皇帝[*注4]魂神沐（39字）

●上边从左至右

A：上南宮供給衣食長在光明魔无干犯一切神霊侍衛安鎮如元始明真旧典女青文（33字）

B：浴冠帯遷上天府供給衣食長在光明魔无干犯一切神靈侍衛安鎮如元始明真舊典女青文（37字）

以上　A：一六〇字、B：一六一字

*注1：「天」字为误写，实际上没有刻该字。

*注2：「元始」二字的前面少了一个「承」字。这个错误在崔氏的镇墓石也有。

*注3：南方、西方都有「託靈太陰」，「靈」字替换了文本中的「尸」字。昭成窦后为武则天所杀，尸体下落不明。

*注4：在文本中应为墓主名的位置上，刻的是墓主的丈夫睿宗的名字。

（上文为原著扫描）

南方镇文为王世和、楼宇栋《唐桥陵勘察记》（《考古与文物》1980年4期）所收。

西方镇文据拓本。

注3、注4包含着重要的意义，后文章节再论。（参照第六章）

五、金仙公主

北方镇墓石

1 北方五炁玄天承
2 元始符命告下北
3 方无極世界土府
4 神郷諸靈官今有
5 □清大洞三景法
6 師故金仙観女官
7 金仙公主李无上
8 道滅度五仙託尸
9 太陰今拎京地府
10 奉先縣
11 髙陵域内安宮立
12 室庇形后土明承
13 [illegible]法安慰撫郘玄
14 靈哺飴五炁玉滋
15 精光充溢錬飾形
16 骸骨芳宍香億刧
17 不灰北岳恒山明
18 開長夜九幽之府
19 出公主魂神沐浴
20 冠帯遷上南宮供
21 給衣食長在光明
22 魔无干犯一切神
23 靈侍衛安鎮悉如
24 元始明真舊典女
25 青文

（全一六六字）

（上文为原著扫描）

图录⑦ 北方镇墓石拓本（著者藏）

［关于镇文文字］

第 5 行第 1 字：此处石头残缺，不明。我认为是“上”字。

第 11 行第 1 字：“喬”为“喬”的略字，喬为高耸之意。通“橋”。

第 11 行第 3 字：域，应为“域”？

第 16 行第 4 字：宍，“肉”的俗字。（译者注：宍字前页原书中作“宾”，实为碑上残损致笔画被误认）

第 23 行第 6 字：悉，“悉”的俗字。

该镇文中应注意的是：

一、道士的称号为“上清大洞三景法师”。这一称号在别的地方无记载，墓志上也没出现过，以往一直传的都是“太洞三景师”。

二、她的本宅是长安辅兴坊的金仙女冠观。

三、名字是李无上道。关于这个“无上道”，在她的墓志中被刻为“公主讳无上道”，可以理解为是她的名字。

在前述的墓主介绍中，其妹玉真公主的墓志上有：“……志云公主法号无上真字玄玄，天宝中更赐号曰持盈。”（《金石录》卷二七）。“无上真”是法号。天宝中又赐号“持盈”，“无上道”亦可以看作是法号。“无上真”“玄玄”“无上道”都有很强的道教色彩，可能都是出家后所起的名字。二人都是年轻时出了家，姐姐金仙公主很看重此名，把它作为自己的名字。

此镇文按常见文本所写，无特殊问题。

另外，无金仙公主墓的发掘简报，这块镇墓石还没有公开，这里的镇文是参照拓本（著者藏）。

六、寿王第六女清源县主

东南西北及中央五方都有出土，本稿只记述北方镇文，其他省略。（图录是中央镇墓石）

1 北方五炁玄天承
2 元始符命告下北
3 方无極世界土府
4 神鄕諸靈官今有
5 清源縣主滅度五
6 仙托尸太陰今于
7 咸寧縣洪源鄕少
8 陵原界　安宮立
9 室庇形后土明承
10 正法安慰撫恤玄
11 靈哺飴三炁玉注 *注1
12 精光充溢練飾形
13 骸骨芳肉香億劫
14 不灰北岳恒山明
15 開長夜九幽之府
16 出清源縣主魂神
17 沐浴冠帶遷上天
18 府*注2 供給衣食長在
19 光明魔无干犯一
20 切神靈侍衛安鎮
21 如元始明真旧典
22 女青文

（一四九字）

（上文为原著扫描）

图录⑧ 中央镇墓石（盖）

图录⑨ 中央镇墓石（底）

照片和镇文参照陕西文管会《西安南郊庞留村的唐墓》（《文物参考资料》1958 年 10 期）。

＊注 1：第 11 行“三炁玉注”为误写，应为“五炁玉滋”。

＊注 2：第 17—18 行“迁上天府”与文本一致，而同为北方的金仙公主和鄮王妃崔镇墓石则写为“南宫”。

七、女道士李

西方镇墓石

1 西方七炁素天承元始符命告下
2 西方无極世界土府神鄉諸靈官
3 今有上清玄都大洞三景女道士
4 李[*注1]　　滅度五仙託尸太陰今拎
5 東京河南縣界安宮立室庇形后
6 土明承正法安慰撫鄗素靈哺飴
7 七炁素華精光充溢練餙形骸骨
8 芳宍香億劫不灰西岳華山明開
9 長夜九幽之府出[*注2]其魂神沐浴冠
10 帶遷上南宮供給衣食長在光明
11 魔无干犯一切神靈侍衛安鎮炁
12 如元始明真書典女青文　（二五一字）

（上文为原著扫描）

图录⑩　西方镇墓石

（《隋唐五代墓志汇编》河南卷所收＝拓本照片）

只有镇文，像墓志一样刻在方格中

因无著录，参照了拓片。

＊注 1：在墓主名处，有两字空白。

＊注 2：是墓主名处，仅依拓片，该处判断为“其”字。因此可解释为本身无名，也可解释为虽然有名却不为人所知。

［关于镇文文字］

第 7 行第 10 字：餝，“飾”的俗字。对昭成窦后等其他人也用到该字。

八、韦湑

西方镇墓石（由于该石带有出土时的泥土，所以可能有著者的误读）

1 西方七炁素天元始
2 符命告下西方无極
3 世界土府神郷諸靈
4 官今有大唐鎮国大
5 将軍行左羽林衛大
6 将軍脩＊注1文館大学士
7 上柱國譙國公贈司
8 徒使持節并州大都
9 督＊注2韋湑滅度五仙託
10 質太陰今於萬年縣
11 鄷国鄉滈□里中安
12 宮立室庇形后土明
13 承正法安慰撫鄗素
14 靈哺飴七炁素華精
15 光充溢練飾形骸骨
16 芳肉香億劫不灰西
17 岳華山明開長夜九
18 幽之府昇擢＊注3魂神沐
19 浴冠帯遷上南宮供
20 給衣食長在光明魔
21 无干犯一切神靈侍
22 衛安鎮如元始明真
23 旧典女青文

（一八一字）

（上文为原著扫描）

图录⑪　西方镇墓石（著者摄）

西安长安博物馆　前方为底，后方为盖

＊注 1：㑋，可认为是“修”的小篆体，或俗字。

＊注 2、3：与武三思和酆王妃崔的镇墓石一样，都改变了文本。

（以上的文字排列与镇墓石不同）

九、韦洞（中央，未集录）

十、大唐中宗孝和皇帝

中央镇墓石

图录⑫ 中央镇墓石

图录⑬ 东方镇墓石

中央黄天、承元始符命、告下中央□□土府洞極神鄉四統諸靈官、*注1大唐中宗孝和皇帝、滅度五仙、論質*注2□陰、今葬定陵宮室、庇形后土、明承王文*注3、安慰撫邮、黄元哺飴、流注豊泉、練冶*注4形骸、骨芳肉香、與神同元、億劫長存、中嶽嵩高、明開長夜九幽之府、昇擢*注5魂神、沐浴冠带、遷上南宫、供給衣食、長在光明、魔无干□、一切神靈侍衛安鎮*注6忠如元始明真旧典女青文（一三九字）（上文为原著扫描）

图片和镇文收录在姜捷的《关于定陵陵制的几个新因素》(《考古与文物》2003年第1期)。但是，因为文字已由现行的简化字代替，所以我适当改写了。另外，东方镇墓石没有记载录文。

＊注1：没有刻“今有”，有一字的空白。(从拓本图片看)

＊注5：没有“出某甲”。包括注2，这是被杀之人镇墓石的类型。

[关于镇文文字]

＊注2：“論”在录文中是“论”，但也许是“託質”的误读。

＊注3：“王”是“玉”的误读。

＊注4：“冶”是“饰”的意思。

＊注6：“悉”即“悉”，是“悉”的俗字。

还有，这篇镇文围绕符篆文被刻在四周，以上边中央为起点（12点的位置）向右转一周。

附（参考）：宋代的镇墓石

下面举出两个例子，我们可以知道宋代与唐代镇墓石相比有很大变化。

◇张确夫妇（北宋）

北方镇墓石　上段刻着楷书的真文，
　　　　　　下段刻着灵篆。

中央镇墓石　右半部上段刻着楷书的真文，下段刻着灵篆。
　　　　　　左半部刻着敕告文。（如下）

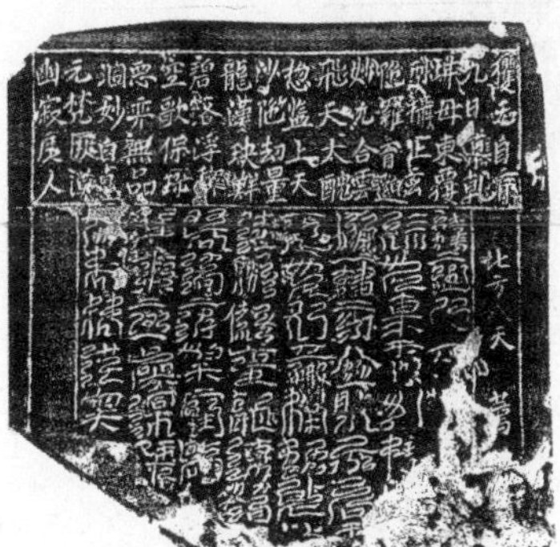

图录⑭　张确夫妇北方镇墓石

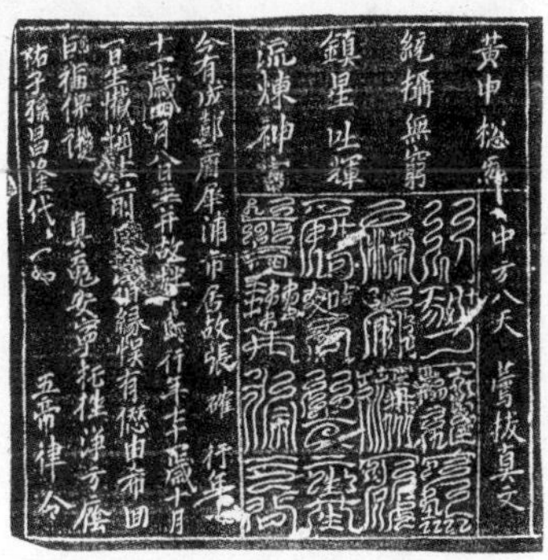

图录⑮　张确夫妇中央镇墓石

敕告文

今有成都府犀浦市居故张确行年七十一岁四月八日生并故杜氏行年七十一岁十月一日生忏悔生前□宿缘俣有愆由希回巨福保护真魂安宁托往

净方阴佑子孙昌隆代代一如五帝律令

（参照成都市博物馆考古队翁善良、罗伟先《成都东郊北宋张确夫妇墓》，《文物》1990 年 3 期所收）

◇王宜人夫妇（南宋）

北方镇墓石

（付汉良《成都外东跳蹬河发现宋代墓葬》，《考古通讯》1956 年 6 期所收）

这是一块长 32 厘米、宽 30 厘米的石板。

只刻有“标题”和“真文”（灵篆）。

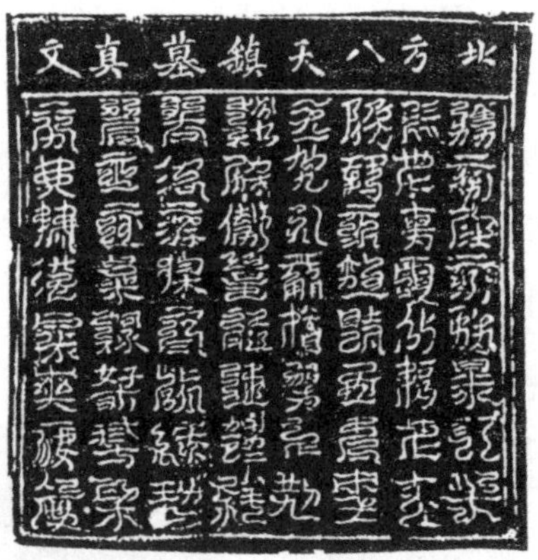

图录⑯　王宜人夫妇北方镇墓石

注：第 1 行第 7、第 8 字两字和第 7 行第 7、第 8 字两字上下刻反了，是个错误，但在此不详解。

第六章　被杀者镇文的变化

——显示墓主人死亡时的情形

一、经书文本与实际镇文的差异

前一章已经看到实际出土的各个镇文，将其与文本（指《五炼经》中的文本，以下同）相比较，发现有如下几方面的差异。

具体为下面三点：

（1）第一次出现的墓主人名的上方，“今有”两字的有无。

（2）托太阴之物（通常为“尸”）。

（3）第二次出现的墓主人名的表示。

由这三处可看出差异，著者认为这与墓主人的死法有关。我将所看到的九人刻文的不同之处进行归纳，如下表（表4）所示。

表中显示出某些共同点，下面来逐一进行分析。

另外，两唐书中记述有分歧的韦湑，属于被杀类型，故著者判断《新唐书》中毒杀一说正确。

表4　镇文不同点对比表

墓主人	①第一次的墓主人名		②假托之物	③第二次的墓主人名		备考
鄷王妃崔（俗人）	空一字	身份与姓	质		升擢	杀害
梁王（武三思）（俗人）	空一字	仅身份	质		升擢	杀害
怀道（俗人）	今有	文本的身份与名	尸	出	本人名（怀道）	
昭成皇后窦氏（俗人）	今有	身份与姓	灵	出	丈夫睿宗名	被杀、遗体去向不明
金仙公主（道士）	今有	身份与姓名	尸	出	仅身份（公主）	
寿王第六女清源县主（俗人）	今有	仅身份	尸	出	仅身份（清源县主）	
女道士李（道士）	今有	身份与姓	尸	出	其（代名词）	
韦湑（俗人）	今有	身份与姓名	质		升擢	毒杀
中宗孝和皇帝（俗人）	空一字	仅身份	质		升擢	毒杀
韦泂（俗人）	无刻文著录，不详					杀害

二、“今有”与“尸”的关系

镇文的文本中，墓主人名刻有两处，第一次为“今有太上清信弟子某甲”。

但是，酆王妃崔、武三思和中宗孝和皇帝三人的镇文中没有“今有”二字，而是空出一个字来。之所以会出现这种情况，应与下一句的“尸”有关，因为他们是被斩杀或毒杀的。

可是，同为被杀害但其遗体去向不明的昭成窦后，她的镇文中却并未略去“今有”二字，著者认为这与第二次墓主人名的表示有关。在姓后面加刻有“窦氏”的“氏”字，这一点将在后文中详述。

另外，韦泂的镇文中之所以有“今有”二字，著者认为他虽然是被毒杀，但五体并未受损，可能与此有关。同样是被毒杀的中宗，其刻文拓本虽然非常模糊，但却可以清楚地看到没有“今有”二字，为空白。

因此，“今有”二字的有无似乎与“尸”的完整程度关系密切。下面，我们来看看“尸”。

三、斩杀的死体不为“尸”

文本中为“托尸太阴”（即将尸体托于太阴）。

◇ 酆王妃崔与武三思

二人均为“质”（身、体、实体），其中无“尸”之意。道教中说到肉体，常用“形”“质”等语言，此处同样是“物、有形之物、物质”等意。

也就是说，这两个人被斩杀、遗体不全，不作为“尸”来对待，所以也就略去了“今有”二字。这反映出中国人非常重视保存全尸的观念。

这个镇文虽然是祈愿“尸体复活”，但却有意用“质”来替代“尸”

字，这么做应该有其特殊的理由和背景吧。作为死者复活的初期论述，《真诰》（运题象篇）中这样描述在“太阴”炼成肉体的情形：“即重新收血育肉，生津成液，复质成形，则远胜昔日未死之容。”

＊ 著者注：津、液是人体的生理体液，与气、血一样是生物体内循环之物。

“质”指骨骼或筋肉等“实体”，形成整个人体之“形”，即人体的外形。那么，从武三思等的“质”，我们可以推断，被斩杀的人应该尸首不全。的确如我们所见，形容得非常形象。从强烈地希望能够再生复活这一传统中国观念来看，他们对于五体不全可能怀有特殊的感情吧！中国自古以来是将异常死者即首身被斩、手足被砍、丧失生命之本——血液而致死者，和一般死者分开来祭祀。上述做法与这一传统习俗有相通之处。

但是，此处的“质”，与窦后的情况有根本的区别。人们认为非“尸”之物有可能复活，正因为如此，此处才可以加上“质”字。窦后与武三思等人的不同之处，在咒文的后半部分清楚表明。

◇昭成皇后窦氏

被武则天秘密杀害的昭成皇后，其遗体不知去向，所以，此处未写“托尸”，而刻的是“灵”。睿宗生前为窦后和刘后举办了招魂葬礼，因为存在的只有“灵魂”，而不是“死者＝尸”。就是说，这里所谓的“灵”，是无“尸”之灵，明显带有“逝者”（无处可归、无体可附）之意。这一点对咒文的后半部分有非常重要的影响。那么，如何对待这个极为悲伤、不安定的灵魂，就成为一个使人感到沉重的难题。

◇韦湑和中宗

这两个人虽被毒杀，但五体未遭损伤。不过，既然是被毒杀，那么遗体就会发生变化，和正常死亡不同，会变色变样。这种情况恐怕很难以“尸”来对待吧。因此，这种情况也刻为了“质”字。

特别是中宗，变化非常严重，因此，也略去了“今有”二字。

四、遗骨存则可再生

文本中，在第二次墓主人名处，“明开长夜九幽之府”的下一句是“出某甲魂神”。

◇鄷王妃崔、武三思、韦涓、中宗

被杀害而尸骨不全的这四个人的刻文中，均没有“出”字，也没有刻墓主人名，而只刻有“升擢”二字。

通常情况下人死之后，长夜九幽之府（冥界地狱）打开，解放出某甲（墓主人）灵魂，之后受魔王保举（保证有升仙的资格，使其升入仙界），度死者亡魂于南宫。（参照前文，镇文解读中“天府”一项）

但是，这四个人是无辜被杀死亡的。他们无需经过一般的升仙过程，而是通过特别安排，神灵命令从冥界选出其灵魂（擢），使其直接升仙。正因为他们是享受特别待遇被选出获救的、高高“耸立”在上的升仙候选人，因此也就没必要刻上墓主人名字了吧。

如此，“升擢”就是将墓主人的灵魂，如同钓鱼的一杆钓那样，直接从长夜九幽之府救出，度往南宫，无需借助魔王之力。

这四个人被斩杀或毒杀，其遗体虽然不全，但至少遗骨尚存，那么，他们就有可能重生复活。人们相信只要向冥界天医神吏、尚药灵官祈求，生前的疾病便能够痊愈，受损失去的部分便可复生。

从鄷王妃崔、武三思、韦涓、中宗四人镇文非常一致这点来分析，可以推测出它们的草案均出自同一人之手。当然，经典上对于上述灵活运用镇文一事只字未提，可见是当时宫廷的道士所为吧。

这些镇文的制作年代，武三思是在景龙元年（707），鄷王妃崔是次年（708），韦涓在其后不久。这些人均与中宗和韦后有密切关系，镇墓石也是由他们二人指示制作的吧。“升擢”性急的一面，也反映出了中宗和韦后的性格。

并且具有讽刺意味的是，不久之后的景云元年（710），在安葬中宗本人时，竟也使用了相同的镇文。

五、无“尸”者不能再生

◇昭成皇后窦氏

没有尸体的窦后，在第二次墓主人名处没有刻她自己的名字，而是刻着生前她的夫君睿宗大圣真皇帝的名字。也就是说，从长夜九幽之府解救出的是睿宗的灵魂，不是窦后本人的。

《五炼生尸妙经》，顾名思义就是讲“尸体复活”的经文。这种法术是“五炼生尸之法”。这一让尸体复苏的法术，就是让朽骨接受新的精气，还魂，然后实现再生。所以，没有尸体的人不可能复活再生。

镇文是为了祈求墓主人（死者）再生的，这里反而用于不可能再生的窦后，又是为什么呢？实际上采用了这样一幅构思图：即稳定逝者 = 无处可归的不安亡魂，将其灵魂当成客人，救赎其生前夫君睿宗。

这是对文本的修改。但作为窦后，因为她既是“墓主”，又是“客人”，所以未省略“今有”二字，并使用了窦氏的称呼。

所要稳定的是窦氏的魂灵，自然应该是“窦氏的镇墓石”。但作为尸体的再生，要“救赎的是睿宗”。这就形成一个包含双重祈愿的咒文，不同于经书的文本，是一个非常有趣的特例。

之所以发生这种变化，著者认为是由于窦后与其夫合葬的缘故。

那么，窦后本人到底怎样了呢？考虑到这一点，就会发现对经文的改变决不是毫无道理的歪曲，或者违反道教信仰。在道教中，道士原本是以自己得道成仙为目的的修行者。但还有另一种想法，即通过祈求他人（信徒）厄运消除、得以成仙（利他的行为），最终转化为修行者（道士）自身得道成仙。根据这种布施的思想，著者认为窦后也是通过解救他者（睿宗）的亡魂，其功德惠及自身，得以升仙。

因此，窦后打破了“没有尸体的人不能再生”这个“五炼生尸之法”的界限，成功地将睿宗和自己都升入了仙界。

六、以破常规镇文救赎母亲的玄宗兄妹

窦后没有遗体，这是无法挽回的事实。但正因为如此，此事对于这个家庭来说是多年来所面临的大问题，也让一直受母亲武则天压制的睿宗感到非常伤心，终日闷闷不乐。虽说是皇帝，但他也是一个拥有家庭和家室的普通人。身处这样一个遭受不幸命运的家庭，儿子玄宗一直从旁默默关注着父亲，非常了解父亲的心思，因为他自幼内心深受伤害，一直未能愈合。睿宗为窦后举行了一次招魂葬礼，但灵魂无所归这一事实并未改变，她的灵魂没有得救，仍处于不安定状态。

于是，玄宗在父亲安葬桥陵之际，将其与母亲窦后合葬。此葬礼在玄宗等家人看来，父亲和母亲没有被分开，而是合为一体，这表达了祈求他们冥福（死后幸福）的心情。如何来祭奠死后未留下遗体的母亲这个多年悬而未决的问题，此时终于到了要解决的时刻。通过刻上这样一个不合常规的镇文，母亲的灵魂便可救出生前痛心万分的父亲，母亲也可因此而升仙。这样做是为了母亲，也是为了玄宗自己，同时也是为了金仙公主、玉真公主这些姐妹们。从这件事可以看出玄宗对家人的关爱和他散发出的人性光辉。

即使这样，灵活处理这篇镇文究竟是谁的提案呢？在思考这个问题时，我想到了玄宗的两个妹妹是道士，也许是玄宗兄妹共同想出了彼此都能接受的方案，而俗人不可能有此想法。

七、反映送葬者心情的镇文

这样，看了被杀者的镇文就会明白，这实际上透露出墓主人的一些真实情况。无外乎反映出埋葬者与死者之间如何相待，可以说明显地反映出

了不同态度和想法。

总之，镇墓石并不只是简单照抄经书文本然后埋进土里的形式上的东西。刻文的活用，反映了作者人性的一面——是怀着虔诚之心，经过认真思考起草而成的。在大量陪葬品中，唯有镇墓石带有这种性质。从这个意义上来讲，镇墓石非常值得关注。

另外，在埋镇墓石之前，道士念诵的咒语虽然也出自于文本，但实际上会根据不同的情况有所变化。但因为并没有留下文献记载，所以无法考证其真实性。

以上分析了五个被杀者镇墓石刻文的特殊之处。这如实地反映出当时的生死观，以及人们如何看待再生复活之愿望（信仰）与遗体间的关系。

但是，这只是在对出土数量极为有限的文物进行分析基础上得出的结论，无法断定观点是否正确。有待于今后进一步研究。

第七章　探讨镇墓石与黄箓斋的关联性

——镇墓石的镇文成为黄箓斋仪的原型

一、镇文与道教斋

以上，介绍了刻在镇墓石上的内容。仔细研究一下，可得出这样的结论，即正文“大梵隐语”揭示了道教的教理，而“镇文”是对其实际的应用，即相当于仪礼部分。教理与仪礼存在于任何宗教，道教也不例外。这种情况下，镇文自然是以“文章”的形式书写，其内容与由道士执行的道教特有的“斋”仪十分相似。镇文中是由奉元始天尊符命的神灵来执行这一程序，而在斋中则改为道士执行。

镇文作为“救赎死者”的过程，将其直接仪礼化即大致形成斋仪，那是将亡魂从地狱中解救出来升至天界，得以再生直至永生这样一个过程。

人们认为，人生前若罪孽深重，死后就会下地狱受罚作之苦。唐代人们都相信地狱确实存在，在地狱要受到神的审判，上刀山、下油锅、灌铜水。当时，不仅关于地狱，日常生活的各个方面都充斥着迷信色彩。

在这种大的时代背景之下，《度人经》作为一部将死者从地狱解救出来、具有超强法力的经典，为隋唐时期的人们所广泛信奉。据说此经诵读十遍，天上诸神皆会下凡，世代祖先灵魂即得到救济而升入南宫。法力的核心关键就是“大梵隐语”。

救济死者不仅可通过虔信、诵读《度人经》，还可以借助“斋”这个特有的祈祷方式，这就是道教的死者仪礼。“斋”的这种祝愿方法就写在镇文中。镇墓石表面上只作为“墓葬仪礼”的一部分，但其内容与“斋醮仪式”相似。“斋”是“死者仪礼”的意思，所以镇墓石兼有“墓葬仪礼”和“死者仪礼”双重含义。

二、镇墓石与五炼斋的关联

那么斋究竟为何物？据多部道教典籍记载，在唐代前期，将镇墓石埋进墓里，要举行多种斋醮仪式。据其中经典之一，南宋淳熙十五年（1188）吕元素所写的《道门定制》第六卷记载，唐末道士杜光庭（850—933）所在时代，斋的种类已达27种之多，这里主要列举其中的10种。除了太一斋、九天斋之外，还有：

金箓斋：保佑帝王，安定人心，平定天下。

黄箓斋：普资家国，偏济存亡（生者和死者），开度（济度）七祖，救拔于三涂（地狱）。

等这些流传至近代的道教主流斋。此外，还有玉箓斋、明真斋、洞渊斋、九幽斋等。第九种是：

五炼斋：（修行的道士灭度，即“死亡”后设斋）。灭度迁神（升仙），安魂消罪。

五炼斋因此而受到关注。最后一种是正一斋。

道教的斋醮仪式具有悠久的历史，不同时代的种类、名称、目的等会发生不同变化。唐代盛行多种斋，从中便可得知，上面提到的“五炼斋”，在当时就已经存在。

＊注：唐代道士张万福编录有《灵宝五炼生尸斋仪》，这一点见《无上黄箓大斋立成仪》第十六卷。

这里“五炼”所指何物？如前面第四章第四节所述，“五”即指五方之气，“炼”即经三涂五苦的饿鬼之白骨，吸收到新气而还魂。（见前述《中华道教大辞典》）

使用“五炼”一词的经书典籍有古灵宝经之一《五炼经》，它成形于六朝时期（东晋末南朝初），教导要救济一切死者。本书所谈的刻于镇墓石上的咒文文本也收录其中。于是，作为尸体再生法的“五炼生尸之法术”便诞生了。

因此可认为，《五炼经》、“五炼生尸法”、“五炼斋”（或“五炼生尸斋”）之间存在着非常密切的关系。虽然此后的记载中，五炼斋这一名称渐渐消失，但是随着祈愿救济先祖的黄箓斋成为斋之主流，作为死者仪礼，著者认为五炼斋与黄箓斋逐渐合二为一。不过，唐代的五炼斋是在道士死亡之后设的斋，这是否与本书提及的镇墓石墓主人中金仙公主、女道士李她们本身就身为道士有关呢？

三、避邪免灾的道教斋

在死者仪礼中，道教承担的终极课题就是“死者的救赎”，其祈愿的内容有：

1. 从地狱解救出死者的灵魂
2. 升入天堂
3. 肉体与精神获得重生
4. 归依大道

5．在无意之境安宁生活

那么，为什么斋如此盛行呢？那是因为死者都要下地狱经受刑罚之苦，而其苦痛与各种不满会给子孙生者带来灾祸。当时人们认为，人之所以得病，就是因为在地狱经受刑罚之苦的死者为寻求救赎而发出了信息。道教中的死者仪礼，是为了祛除这些会带来灾难的危险因素，其代表即黄箓斋。这样，黄箓斋就兼有救赎死者和保护生者这种两面性。然而，在任何时代，后者，即保佑生者都占有更大的比重。实际上，它是以治病禳灾（拜祭神灵以驱灾解难）为目的而进行的礼仪。通过慰藉和救赎引起所有不幸的亡魂，以治疗疾病并阻断今后可能发生的一切灾难。

人们最害怕的就是那些异常死亡者，或者在人世含恨而死的冤魂，他们会变成恶鬼作祟，牵连生者。这样的亡魂，必须对其采取特别措施。如何对待或处理因死者怨气而带来的灾难，是道教所要解决的一大课题。前文提及的镇墓石的墓主人中，异常死亡者居多，是否是此原因呢？被杀的人有：鄎王妃崔、武三思、昭成皇后窦氏、韦湑、韦泂、中宗等六人，甚至还有横死的清源县主，可认为她是夭折而死（同时属于异常死之列），由此便可理解镇墓石出土为何会如此之少。

关于镇墓石出土少的原因，如前文所述，是因为如果埋进镇墓石，就等同于进行了黄箓斋。其规模宏大，需大量供奉祭品，而且，斋仪毕竟得由道士来执行。出土的镇墓石之所以以皇族墓居多，耗资巨大是一方面，另外，与当时的道教教团是以皇室和统治阶级为中心展开活动有关吧。因此，道士在墓前充当主要角色这一事实证明，在唐朝前期，皇族的丧葬仪式就已经开始由道士来主办。这一般属于巫祝（掌管供奉神的祭事、神事的人）主事的范围，道士成为主角始于宋之后。

四、镇文与黄箓斋仪式的对比

下面，试将镇文与黄箓斋仪式作一对比，如表5所示。

表5　镇墓石镇文与黄箓斋仪礼对比表（著者制作）

行	西方镇墓石的镇文（原文）	斋仪礼	补记	
1	西方七气素天、承元始符命，			斋的建坛、宿启
2	告下西方无极世界土府神乡诸灵官。	奏上、拜章	向冥界诸神、地狱官吏发愿文。	
3	今有太上清信弟子 某甲，		清信弟子是为将死者作为归依大道之人送入天界而作的伏线，某甲是指应该接受救济仪礼的某某人的亡魂。	
4	灭度五仙，托尸太阴。			
5	今于某界，安宫立室，庇形后土。			
6	明承正法，安慰抚恤，	诵经	诵读《度人经》，传授道教教理，安抚亡魂。	
7	素灵哺饴七气素华，	咒食	哺食五方之气的精髓，果腹安神，生五藏。	
8	精光充溢，炼饰形骸，			
9	骨芳肉香，亿劫不灭。			
10	西岳华山，明开长夜九幽之府，	破狱	将死者从地狱中解救出来。	正斋
11	出某甲魂神，	招魂	招魂至斋坛。	
12	沐浴冠带，	沐浴、更衣	冲洗鬼魂世界的污秽、罪过，洁净身心，整理装束。	
13	迁上天府，	超升、炼度	转世为新仙人之身，送往仙界。	
14	供给衣食，		仙界自然提供衣食。	往生到仙界
15	长在光明，		在光明中永生。	
16	魔无干犯，		不受魔王们的阻挡，不久便通过天门到达更上层上清天，在一切神灵的守护下安宁地生活。	
17	一切神灵，			
18	侍卫安镇。			
19	如元始明真旧典女青文。			

对照此表，可见“斋仪礼”的正斋部分，列有“破狱”“招灵”“沐浴”“更衣”“超升”“炼度”等仪式。

如此，黄箓斋中基本的礼仪都包含在镇文中。另外，关于正斋的前后部分，可在下列事项中得以补充。

这些在《五炼经》中这样写道：

“为灭度者（死者）准备绫绢，天子一匹，公子王孙一丈，平民五尺。另外，用至纯的五两黄金，做成五条金龙，各重一两。平民则是用铁制成。准备五块五色石板，其上书写玉文（五方的天文），置于露天屋外一夜，后埋于地下深三尺之处。”（参照北周甄鸾《笑道论》第六、“五炼经”一项）

这是“斋”中建坛、宿启科仪中的项目，需要准备一些作为信用之物（供物）的绫绢。另外，金龙是用来镇守五方天文之物，也可用于斋后向诸神谢恩的“投龙简”。将写好玉文的石板在户外搁置一晚，就相当于正斋前夜的宿启仪礼（仪礼之一，将五方天文安置在斋坛的五个方位上）。这样，可认为《五炼经》的记载就是有关斋的记述。

而且，前文中提到的杜光庭《太上黄箓斋仪》五十七卷和南宋留用光《无上黄箓大斋立成仪》十六卷两本书中，都记载着这样一些内容：如斋坛上所使用的五方天文，诵念和镇墓石上所刻内容相同的“大梵隐语”（四方八天）与中央天文，并在蓝色纸上用红色书写等。尤其在《无上黄箓大斋立成仪》中，有道士所作一系列法事等是根据《五炼经》这样的注解。可见，《五炼经》与黄箓斋有着紧密的联系。

由此可见，镇墓石上所刻镇文的内容，形成了其后在宋代经补充完成的黄箓斋仪礼的原型。即将死者从地狱中解放出来，招魂至斋坛，清洁身心，使其沐浴，炼度重生为新仙人之体，经超度送往天界。

五、镇文即表里相通的一条隧道——兼救死者与生者

如上所述，镇墓石的镇文与黄箓斋程序相似。这一事实反过来看，可

以认为，“通过救济死者受苦之亡灵，使其不再侵扰生者，断绝其给生者带来一切灾祸”这一黄箓斋的目的，亦即这些镇墓石的目的。如果把镇墓石的道教祈愿升仙看作是葬送仪礼原本的“表的世界”，那么驱除冤魂带来的邪气与灾难，就是死者仪礼，即具有真实意义的“里的世界”。前者是“救赎死者”，后者是“救赎生者”。

从这个意义上讲，镇文是表里相通的一条隧道，起着使两个世界的祈愿都达成的咒文的作用。

前面第二章第十节，关于中宗的一部分中曾写到，镇墓石的深层意义中可能隐含着与道教斋和送葬仪礼两者相通之处。从镇墓石的镇文确实起到了连接生者与死者的作用这点来看，其相通性便可以肯定了。

第八章 隐含于镇墓石中的昆仑山升仙信仰

——镇墓石和升仙图所追求的共通仙界

一、祈愿的主题均为升仙至昆仑山

如上所述，镇墓石上所刻写的内容以及黄箓斋等的祈愿，要点概括起来，有以下三点，即：

解救亡魂于地狱（解放）

上升至天上世界（升仙）

在天上世界再生、永生（不死）

那么，这里所说的“升至天上世界，获得永生”到底指的是哪里呢？

关于此问题，著者联想到西汉初期（前160左右）湖南省长沙马王堆一号墓中轪侯夫人的“升仙图”（T型帛画＝在绢上作的画）。

关于此画的解读，代表性的书目有曾布川宽氏的《昆仑山升仙：古代中国人描述的死后世界》（中公新书，1981年）一书。此书认为帛画描绘了在昆仑山升仙的情景，明确指出墓主人梦想的仙境就是昆仑山。

湖南省长沙市属战国时代的楚文化圈，继承了古殷文化传统，对巫术以及死者亡灵信仰笃实。此地文化的一大特色就是十分重视祭祀，且因

《楚辞》《山海经》《淮南子》等书籍的问世而闻名。这些书被认为是古代巫术、巫祝文学之书，亦被评价为完好留存的南方神话、传说之书。保留此类性质书籍之地，应受到人们关注。

长沙这里所描绘的升仙图，是以古代神话、传说及中国人传统的生死观（魂归天，魄入地），即灵魂不灭（不死）信仰为背景，描绘了人死之后灵魂升入不死之理想境界，即将死后世界观具象化了的一幅图。

另外，前文所介绍的镇墓石以及在此思想基础之上完成的《度人经》《五炼经》等道教灵宝经众多经典、以黄箓斋为代表的一系列灵宝法，同样出现在以江南为中心的地区。与上文谈到的升仙图一样，著者认为这些与此地神话、传说、巫觋（女性为巫、男性为觋）均出自同一文化源流。从下面一点亦能说明此问题，即“灵宝”原来写作“灵保”，指巫或灵媒（尸），源于南方人在祭祀祖先的古老仪式上降伏浮游亡魂和降灵时南方方言所讲的依附之物（尸）。（M·卡鲁顿迈克教授的研究）

那么，长沙马王堆汉墓中的升仙图，与本书讲到的镇墓石之间，又有什么关联呢？实际上将这二者联系起来的就是“昆仑山”。昆仑山是不死之神山，古代中国人根深蒂固的昆仑山信仰就发祥于此。昆仑山在道教中是三十六天说的象征。当然在时代先后顺序上，昆仑山信仰在先，之后5世纪上半叶才出现道教的三十六天说（表现死后世界观的天界）。但回头看来，昆仑山的形状及其属性等与三十六天说十分相符。

至于昆仑山与三十六天说在多大程度上具有相似性，其具体内容将在后面详细说明。镇墓石上，如前文所述，三十六天中的三十二天，被分配于镇墓石的主文“大梵隐语”，四方各八天。从地狱中解脱出来的灵魂，穿过一层层天上升到天界（三清境），这与上升至昆仑山仙界同义。长沙马王堆轪侯夫人的升仙图所描绘的，与镇墓石上所刻的内容意思相同。西汉时代轪侯夫人梦想的昆仑山，与唐代镇墓石墓主人们所梦想的仙界，均为同一处即昆仑山。

下面详细论述此观点。

二、作为仙术的死者再生结构

首先，将升仙图的要点整理如下，如图 4 所示。

此图自下向上可以理解为：地下世界（过去、死）、人间世界（现在、生）、升仙途中、昆仑山仙界（来世、不死）、天上世界（诸神的世界），最上层类似宇宙之本。

这表现了当时的宇宙观及死后的世界观，同时显示了自下而上、垂直竖立、高大的宇宙时间轴。

画的中心稍下方，有一个很大的圆形璧，这是整个图的关键之处。这块璧之所以画得异常之大，暗示了它具有重要作用。

这幅画的内容如下（请同时参照表 6）：

（1）首先，因下段对死者的祭奠，其灵魂附于挂在上方的“珩”

（2）然后移向上方的“繸”

（3）在那里受到“句芒”（掌管寿命的神）的恩惠而增寿

（4）再移向上方的大璧

（5）并且，乘坐中枢轴上由璧构成的龙舟

（6）这时，依附在璧上的灵魂，当脱离璧登上龙舟时，即恢复“原来的身体”

这表示当通过璧中心处所开的孔，前方就到了异境。璧的孔是灵魂的通道，也是通往来世的边界线。

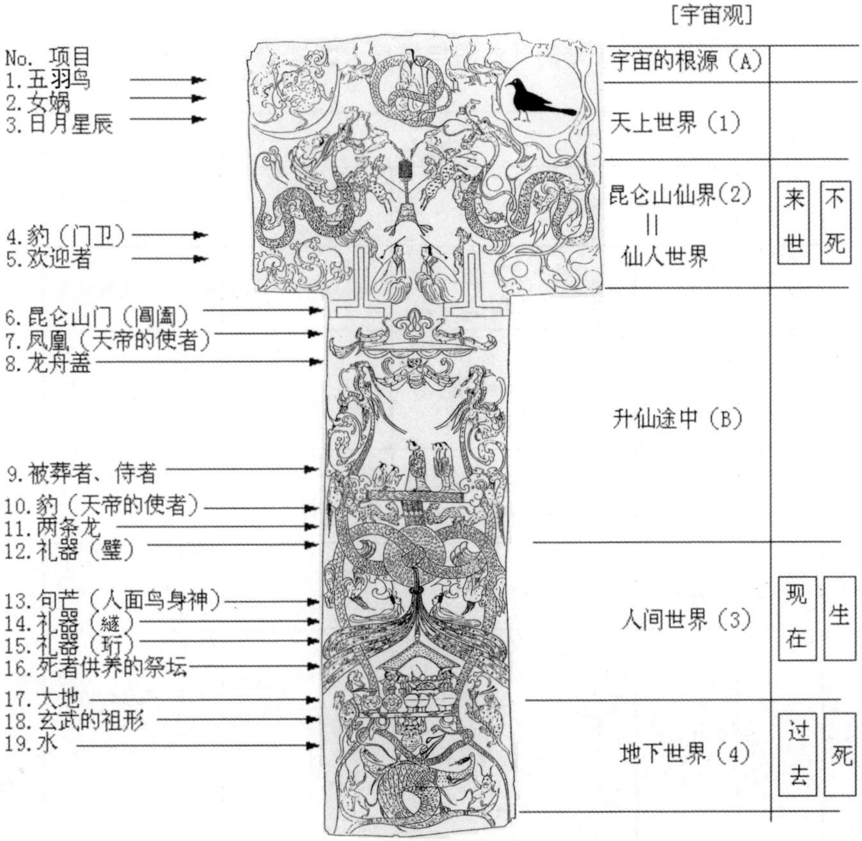

图4　长沙马王堆一号墓帛画（模本）

（最具代表性的升仙图）

＊注：

（A）位于天上界之上、不同维度、类似于宇宙开天辟地之源。

（1）（2）昆仑山异界，虽属天上世界，但（1）是神的世界，（2）是仙人的世界，这是两个不同的世界，人只能上升至此。

（B）“升仙途中”，这个世界不可能存在，却被画出来。作为升仙图，这是其主题。

（3）现实的人间世界。

（4）死者的地下世界。

如此，轪侯夫人以昆仑仙境为目标而上升。

表 6　长沙马王堆的升仙图与《度人经》、“镇文”的关系

项目	项目表示的意义			与《度人经》、“镇文”的关联性
1 五羽鸟	五符	宇宙开天辟地，从混沌走向秩序，象征天地万物生成		“五篇真文”的阐释 宇宙开天辟地
2 女娲	天帝（创造神）	君临昆仑之巅，象征着长存不灭		元始天尊（道教的最高神，也是灵宝经的教主）
3 日月星辰	夜（以日月运行表示夜）	以日出日落、月圆月亏的周而复始，象征生命力的恢复、再生、不死、永生		《度人经》关于宇宙开天辟地、天的生成、日月星辰开三光的传说
6 昆仑山门(阊阖)	不死	进入昆仑山的门，象征着升入昆仑山，可不死	关于昆仑山的构造和不死请参照表 7	上升到道教的天界（三十六天说）便可不死
7 凤凰	天帝的使者	象征天帝的欢迎		元始天尊从死者中最终选定升仙者，并向冥府传达
9 被葬者	升仙主人公	表示墓主人留住灵魂，生命得以复苏 死者重生的结构（自下而上）： 乘坐龙舟飞升成仙	“有魂相伴的身体”是升仙的条件，死者生前身体象征死者祭祀的尸	在《度人经》中，升仙者在南宫转世为仙人之身（仙化），（并非生前之身，是已被净化之身） 通五炼生尸的尸
11 两条龙	龙舟、(升仙时的坐骑)	依附于璧，穿过璧上的孔，恢复身体	璧等礼器的作用：	
12 璧	灵魂附体	因“句芒”而增寿	使死者的灵魂附着	
13 句芒	延年益寿神	然后移向缝，进而上升	防止死者肉体腐烂	招灵［出某甲魂神］
14 缝	灵魂附体	死者的灵魂先依附在珩上	生命力的恢复、复苏之力	［肉芳骨香，亿劫不灭］
15 珩	灵魂附体	因子孙对死者的祭奠		诵经：《度人经》具有生命恢复和复苏之力
16 祭坛	死者祭奠			修斋救济死者的仪礼
17 大地	现实世界			
18 玄武的原型 19 水	黄泉（冥府）	地下世界的概念不发达。原来的墓没有坟丘，根本无法回头。佛教的地狱说还未传入		［九幽长夜之府］死者的灵魂集中在北方罗酆山(死人的世界)

于是，龙舟台上轪侯夫人的形象，就不仅仅只是“生前的模样”，而象征着其容貌、肉体中附有灵魂。有灵魂相伴之躯才具有意义。保持完整的身体，古代人认为是人获得重生的必要条件，这种想法也在其后的《度人经》和《五炼经》中得以沿袭。因为仅有灵魂，无法实现再生和升仙。

璧是极具神秘力量的礼器，能够使死者的灵魂附着，防止尸体腐烂，并能重新获得生命力而复苏。正因为如此，璧才被置于升仙图中央这个重要的位置。

另外，这幅画中所画的墓主人（轪侯夫人），著者认为表现的是死者祭祀时的“尸”。而且，可认为此“尸”与《度人经》《五炼经》中的“尸”相通。

画中的轪侯夫人之所以拄着拐杖，是因为她生前得了风湿病，膝关节一直不太好。从图中的拐杖、衣服与入棺陪葬物完全相同这点来看，可认为这幅画描绘了棺中轪侯夫人“尸”的重生和升仙过程。而这也是镇墓石上所刻的祈愿内容。著者确信，灵宝经的灵宝之所以被称为“仙术”，其原因就在于此。

在灵宝经的主要经典《度人经》的开头部分，列举了元始天尊反复诵读此经时会得到的各种好处。当诵读此经一遍，世上所有耳聋男女都会复聪；诵读第二遍，世上所有盲人都会复明；诵读第三遍，哑巴（不能说话的人）……第四遍，跛（走路不方便的人）……久治不愈的疾病就会痊愈；……白发变黑发、掉了的牙齿就会重新长出来；……老人就会返老还童、身体健康；……这样，当诵读到第十遍时，死人腐烂的遗骨就会复活，站起来变为人……其基本内容就是所有人都会被经的法力所保护，被救赎或得到永生。如是，已经失去功能的五官得以恢复，疾病得到治愈，死者得以重生等。《度人经》所具有的使这些生命力恢复的力量，可认为是上述玉璧所具有的“生命再生、死者复活”之神奇力量在经文中的具体体现。生命力的恢复、死者的复活，构成了升仙图和灵宝经的根本，其法力隐藏在璧以及《度人经》的“大梵隐语”中。并且“升仙图”和《度人经》所祈愿的主题，集中反映在到达仙界“永生”“不死”的理想境界中。

三、昆仑山乃三重三峰之不死神山

那么，上一篇提到的轪侯夫人，她梦寐以求能够在此永生、成仙的昆仑山，到底是座什么样的山呢？

昆仑山，当然是神话传说中的神山。根据古代《水经》《山海经》等书记载，昆仑山位于中国西北、大地（这个世界）中央，高一万一千里，高耸入云，山顶指向天空中央的北极星。另外，昆仑山也称为天中柱和上天的通道（阶梯），据说在它的正上空有天帝之都。而且，昆仑山是天帝之下都（地上的天帝之都）。这样，昆仑山虽是耸立在地面的高山，但实际上却属于受天帝无边法力加持的圣山。

在《淮南子》的《地形训》中有：

- 黄水三周，复其原，是谓丹水，饮之不死。

又有：

- 昆仑之丘，或上倍之，是谓凉风之山，登之而不死；或上倍之，是谓玄圃之山，登之乃灵，能使风雨；或上倍之，乃维上天，登之乃神，是谓太帝之居。

如上，记述了昆仑山的结构。登上中层的凉风山便可不死；登上顶层的玄圃便有灵，可呼风唤雨；再升到“上天”一层就可称其为神了。

并且，有称作“丹水”的不死之水。此外，《山海经》的《海内西经》中，有不死树长生药。这都说明昆仑山是一座与天上的天帝有密切关系的神山，甚至是能够使人不死、永生的圣域。

并且，《水经·河水注》（一）中写道：

> 昆仑之山三级，下曰樊桐……二曰玄圃……上曰层城。

此外，在《淮南子》的《墬形训》中有：

> （昆仑山）下层樊桐，中层凉风，上层悬圃。

＊编者注：此处原文据《淮南子》的《墬形训》为：“昆仑之丘，或

上倍之，是谓凉风之山，登之而不死；或上倍之，是谓悬圃，登之乃灵，能使风雨；或上倍之，乃维上天，登之乃神，是谓太帝之居。”作者征引有偏差，在此之上形成的学术构架请读者注意辨识。

从这些描述来看，虽然名称有所不同，但昆仑山是由三重构成，这一点是可以肯定的。

而且，东方朔《十洲记》及《释名》的《释丘》中有：

- 昆仑山……上有三角。

  （所谓角，即凸起状物，也有三山（峰）之说）

- 三成（层）曰昆仑丘，如昆仑之高而积重也。

由此可知，昆仑山为三层，其山顶有三峰山。

如上所述，昆仑山的特征概括如下：

受天帝无边法力加持的神山

高耸入云的擎天柱

长生不老的圣山

由三层组成

登上中层便不死

登上上层就有灵，上层有三峰

登上上天便成神

以上是对昆仑山形状和特征的简要概述。

另一方面，从道教天界说形成的历史来看，在道教成立之前，便有神仙道中所构想的三天说、九天说和三十二天说；而在道教形成之后，到了南北朝的刘宋、南齐时期，才完成了三十六天说。

在内容方面，三十六天说并未形成思想上完整、统一的理论。

- 天界下层的“三界”（二十八天），来源于佛教的三界说（欲界，色界，无色界）。
- 中层的“种民天”（四天），来源于南齐时的终末论。
- 上层的“三清境”（三天）和最高天“大罗天”（一天），来源于宇宙生成论。

根据上述内容可以看出，三十六天分别是在借鉴其他多种思想的基础之上构建而成的。如此形成的道教三十六天说，其内容为什么与上述昆仑山的特征和形状如此相似，这里暂且先不作论述。先来看天界的全貌与昆仑山有着怎样的关联。

昆仑山与三十六天说，是将西汉升仙图和唐代镇墓石联系起来的关键词。

四、昆仑山和道教三十六天说的相似性

下面，试将昆仑山和三十六天说进行对比。

始于下页的表 7，左侧列举了昆仑山的特性、构造、形状等，右侧对应的是与道教三十六天说、经典、镇墓石之间的相关性。

此表值得留意的是，昆仑山的形状、性质与道教描述天界（死后的世界观）的三十六天说完全相符。

（表 7）5—7 项（请参照昆仑山图）的三层，与道教的天界对应如下：

下层……三界（欲界、色界、无色界的二十八天），由生死支配的世界

中层（不死）……种民天（四种民天的四天），超越生死的世界

上层（灵）……三清境（三天），仙界

上天（神）……大罗天（一天），元始天尊（神）的居所

如此对应，若升至中层便不死；升至上层到达仙界，便会得到永生（条目 7）；上天是神的世界，不可能上升至此（条目 8）。这相当于《度人经》和镇墓石所祈愿的灵魂升仙。首先，如穿过下层的三界而上，便会长生不老，这也就意味着到达昆仑山的中层；然后，再使用更长时间，到达上清境，成为仙人，就会得到永生，这意味着登上昆仑山的上层。昆仑山山顶有三峰，这与道教天界中的三清境相对应，这里是升天的最终目的地——仙界。

并且，11—15 项列举了登昆仑山时的困难，其中有几个特征：

- 攀登昆仑山时遭遇险关“弱水”

  这与道教中所讲到的，在上升至天界时遭遇险关“三界”相对应。

- 为免溺于弱水顺利渡过，需“沙棠果”“龙”

  这与道教中，为顺利通过三界需要“魔王保举”相对应。

因此，可明确昆仑山与道教的天界说，具有密切相似性。

思索其中的原因，前文背景谈到，道教的三十六天说是由佛教、终末论、宇宙生成论等形成。而由三界、种民天、三清境，这三层构成的多重垂直结构，可认为其本身就体现了昆仑山的三重构造。

表 7　昆仑山的构造和道教三十六天说的相关性

（从《山海经》《淮南子》等昆仑山的早期传说来看）

昆仑山的构造和其特性等	与道教三十六天说、经典、镇墓石等的关联性
1. 位于大地中央，高耸入云，如同擎天柱 2. 其上方是天的中心（北辰）＝指向北极星	・高高耸立、连接大地中央与天空中心点……是宇宙的中心轴，指向开辟宇宙（开劫）的中心点，体现灵宝经中心思想的五篇真文出现之地 ・连接过去、现在、未来的时间轴……象征生命的恢复力，永恒，及灵魂不灭
3. 从山顶再上升，便到了“上天”（到了天上 ） 4. 其正上方是天帝的居所	・通往天上世界的唯一之路 ・有道教最高神、元始天尊的居所（神、主宰者的世界）
5. 昆仑山整体如同高高堆起的三层 6. 其上有三角（顶上有三座山峰）	・对应着道教的宇宙和世界观

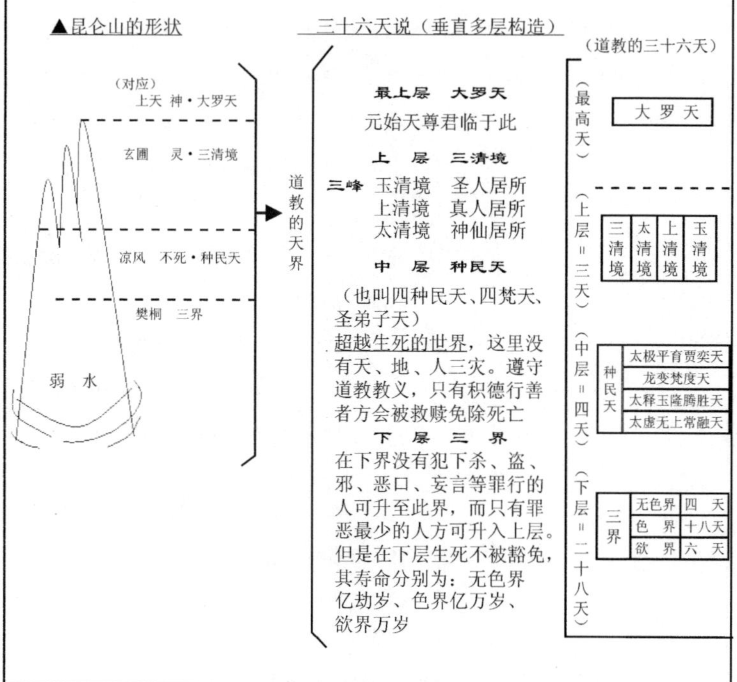

续表

7. 从山麓至中层，就是凉风山，登上此层便会不死。上层是“玄圃”，登上此层便会有“灵”，再上层便是上天，登上此层就会成为神 8.《楚辞·离骚》的主人公被天上的门卫挡在了天门之外	• 人的灵魂在不同层的天界不断修行，逐层上升，经历长时间到达三清境。沿着巨大的时间轴（昆仑山），最后到达这里，转世为仙人并得到永生 • 人升天只能到达三清境（据《度人经》）
9. 昆仑山是不死之山 山上有不死树……还掌握着长生药……喝了丹水就会不死	• 昆仑山有着不死之特征。它与之后道教的仙人、仙山，甚至与三十六天说都密切相关。［在《真诰》的第十三卷中有“从鬼的世界中苏醒……百年之后就可进入仙界的宫殿（昆仑）”的记述］
10. 昆仑山是天帝的下都（位于地上的天帝都城）	• 关于天帝（元始天尊），初唐的《太上老君玄元皇帝圣纪》中有一说法，即元始天尊被分进三清境一角（元始天尊居玉清境，太上大道君居上清境，太上老君居太清境）
11. 有一种沙棠树，黄花、红果，人吃了之后不会溺死	• 沙棠果是平安渡过下一项“弱水”的仙药，也出现过上面画着天帝的使鸟、凤凰衔着沙棠果的图案 （长沙砂子塘墓外棺侧板漆画） ——→ 昭成窦后镇墓石（南方）顶盖上的线刻画，也画着凤凰衔着沙棠果（见表下注） • 又，沙棠的黄花，在道教的《黄箓斋仪》中，被作为咒食 ——→“中央元灵元老真气补饴以一气之黄华” （《无上黄箓大斋立成仪》卷九）

续表

<table>
<tr><td>12. 昆仑山的山麓有弱水之渊环绕。其水不胜鸿毛（浮不起鸟的羽毛）</td><td>弱水是攀登昆仑山时的难关
——《度人经》中有记述：从冥界地狱被救出的灵魂，在升天的途中，首先要接受通过“三界”的考验。三界中有魔王，要升上南宫，必须得到他们的保举</td></tr>
<tr><td>13. 昆仑山的弱水，不骑龙则无法到达</td><td>龙是登上昆仑山唯一可乘用的工具。升仙图中，画有龙舟
——可认为，“弱水”与“三界”、“沙棠果”“龙”与“魔王的保举”相对应。《度人经》中，“魔王之灵篇”有三篇，与欲界、色界、无色界相对应。据说要越过三界，必须得到魔王的帮助，越过三界便可长生</td></tr>
<tr><td>14. 据说鹑鸟，司帝之百服（鹑鸟是凤凰的一种，掌管天帝百事）</td><td>• 作为侍奉天帝的鸟，具有鹑鸟和凤凰的特性
（长沙马王堆一号墓朱地彩绘棺左侧板漆画）
——上边第 11 项中的昭成窦后的线刻画中，就有像鹑鸟，短颈上嵌着环，长有冠羽、长尾羽，身体呈圆形的鸟图案</td></tr>
<tr><td>15. 瑞兽驺虞和羽人乘龙登昆仑山</td><td>• 驺虞是一种珍兽，大小如虎，尾巴长过身体，羽人是身上长有羽毛的人
（长沙马王堆一号墓朱地彩绘棺左侧板漆画）
驺虞　——昭成窦后的镇墓石西方，其顶盖上的线刻画图案，与驺虞十分相似（见表下注）
“人得道身生羽毛也”（《楚辞》）
——得道后无羽毛，升仙困难
作为信道者（太上清信弟子）送往仙界（《五炼经》）</td></tr>
</table>

（注：关于昭成窦后镇墓石盖顶的刻线画，请参照后文第九章）

前文引《释丘》中有："三成为曰昆仑丘，如昆仑之高而积重也。"同样，道教中天界也是垂直结构，自下而上，大致可分为高高堆积的三层。而这也巧妙地涵盖了昆仑山的形状和特点。

以上，虽为表面化、较粗浅的一个观点，但著者认为，所谓道教的三十六天说，实际上是对神话和传说中的昆仑山进行了宗教式的复现。

五、用道教观点解释昆仑山升仙信仰

将昆仑山的形状、特性，道教三十六天说天界的构成，以及镇墓石上的祈愿内容，再次进行整理，简单归纳，即如表 8 所示。

表 8　昆仑山与道教三十六天说、镇墓石祈愿内容对照表

<table>
<tr><td rowspan="4">昆仑山</td><td></td><td colspan="3">属天帝支配的神山</td></tr>
<tr><td>直上空</td><td>上层</td><td>中层</td><td>下层</td></tr>
<tr><td>天帝的居所</td><td>玄圃、三峰</td><td>凉风</td><td>樊桐</td></tr>
<tr><td>神</td><td>灵</td><td>不死</td><td></td></tr>
<tr><td rowspan="3">道教的三十六天说</td><td>最高神（元始天尊）的居所</td><td>• 天界的上层
仙人（永生）世界</td><td>• 天界的中层
超越生死的世界</td><td>• 天界的下部被生死支配的世界</td></tr>
<tr><td>大罗天（一天）</td><td>三清境（三天）</td><td>种民天
（四天）</td><td>三界：无色界（四天）
色界（十八天）
欲界（六天）</td></tr>
<tr><td></td><td colspan="3">元始天尊所统辖的天界</td></tr>
<tr><td rowspan="2">镇墓石的祈愿内容</td><td rowspan="2"></td><td rowspan="2">经过长时间到达这里（三清境）成为真人、得到永生</td><td colspan="2">将《大梵隐语》（三十二天）分配到四方八天</td></tr>
<tr><td>通过三界，便进入长生（不死）世界</td><td>灵魂得到魔王的保举，通过三界而上升</td></tr>
</table>

如表所示，昆仑山和道教的三十六天说非常吻合。而且，镇墓石上的祈愿内容，虽为《度人经》和《五炼经》中所述，但也与昆仑山升仙完全相符。

也就是说，升仙图中所谓登上昆仑山不死之仙界，其实和镇墓石上所祈愿的内容完全一致。唐代人所向往的理想之乡，就是早在数百年前，战国时代和汉代的古人们所憧憬的昆仑山！这一点已非常明确。这反映了整个时代，人们如何认识死后的一种世界观。

升仙，其主题就是不死、得到永生。人的灵魂无论升至昆仑山还是天界，只要升至上层，其目的便已达成，无须到达更上层。并且那里已经是众神、天帝和元始天尊的住所，是另一个不同世界，在这一点上两者同样相通。

那么，用道教的观点解释升仙图，为什么易于理解？著者认为其原因，隐含在道教的产生过程中。

道教并非由某位特定教祖、在某个时间突然创立的完整且具有全新思想教理和仪礼的宗教，而是以神话、巫术和民间信仰等悠久古老的历史为基础，以自古绵延至今、根植于人们内心的“期盼永生”为主题而发展起来的本土宗教。如果视此为道教特色，那么，从战国时期开始普遍信奉的昆仑山升仙信仰，到唐代演变成了“祈愿升仙至天界”这一综合所有信仰的道教信仰新形式，并得以继承，这就没有什么特别奇怪之处了，而是理所应当、极为自然之事。

六、分解升仙图则昆仑山浮现

在此，重新回顾一下轪侯夫人的升仙图。

现就升仙图的构造进行分解，如下图（图5）所示。

① 垂直竖立的中心线是宇宙的中轴线，连接着大地的中央和宇宙的中心，其尖端指向开辟宇宙的中心点；同时，也是连接过去、现在、未来的巨大时间轴线，从地面直通天际。这个称作“擎天柱”的昆仑山，象征着其本质特性。

② 下面，对图中的三个三角形（虚线所示）作以分析：

［底层的三角形］

以大地为底边、璧的中心为顶点。这一部分表示，死者的灵魂依附在衣带上，从珩到縧再到璧，伴随着生命力的增强，在逐步上升。

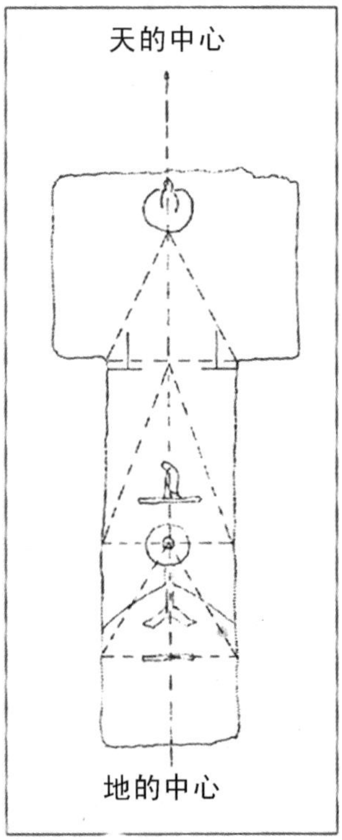

图5　升仙图与昆仑山

（著者制作）

［中间的三角形］

璧的中心放在底边，以昆仑山山门为顶点。这一部分描绘的是，穿过璧孔与灵魂一起苏醒的墓主人，正在升仙途中的样子。

［上层的三角形］

以昆仑山山门为底边，以女娲的正下方为顶点。这一部分描绘了昆仑山的内部世界。

这三个三角形，很明显象征着昆仑山的三层。图的上部，暗示是昆仑山，其位置也恰好与第三个三角形的最上部相重合。也就是说，这里就是昆仑山的上部，是得到永生的仙人的世界。墓主人被描绘在中间的三角形中，显而易见，这意味着其处于升仙的过程当中。

贯穿中央的垂直线，表示上升所需的能量和生命的永恒。作为灵魂附着之物的珩、縌、璧，其中心点和墓主人、女娲等，都完全被画在同一垂直线上，表示其朝向同一目标，乘坐在动态能量流之上。

此外，这条垂线还表现如下思想。如前面所述（第三章第三节），刻在镇墓石上的“大梵隐语”所象征的《度人经》教理，即将冥界地狱中的灵魂普渡到天界，最终其将回归宇宙之本、生命之源，这样一种世界观得以呈现。镇墓石碑文中的“直通天际的天柱”，就是此处竖立的垂直线。

但是，救赎死者以及成仙的主题，最终是为了得到永生。因此墓主人只要到达第三个三角即可，那里便是最终的目的地，无需再向上升。这样来分析升仙图，便会充分理解这表现的是升仙至昆仑山的一幅图；而且，与刻在镇墓石上祈求上升至天界，“得道成仙化转为人”（变为净化之身，成为仙人），实际也异曲同工。

七、神话中的昆仑山实际描绘冥界

神仙信仰始于战国时期，汉代开始兴盛。汉墓画像石上之所以大多描绘的是升仙至西王母居住的昆仑山图案，是由于“不死”这个共同点将昆仑山和西王母联系在了一起。

而且，唐朝人所向往的理想境界，也是将昆仑山改变形式之后展现的道教天界。那么，神话传说中的昆仑山，为何会演变为道教的天界说呢？

对于这个问题，可以沿着升仙图的历史演变来试作分析：

①最初，从战国时期到西汉初期，描绘的是登上昆仑山这一理想境界的“神话升仙图”，是墓主人乘坐龙舟升仙的空想图。

②之后，西汉中期到末期，变为持长生不老药的西王母居住在昆仑山，西王母信仰兴起。图亦变为求“不老”而升至西王母身边的“神仙升仙图”。

至此，信奉西王母、追求不死已被正面明确地提出，昆仑山作为山的形象在渐渐淡化。乘坐的工具也变为马车，不再是上升之物。这是东汉时期的情形。著者认为这里经历了一个大的转换期，因为“不老不死”实际上是道教根本宗旨，可以认为这是从神话世界转化为宗教世界，其背景发生变化的根本原因。此时，随着昆仑山作为山的印象在人们心目中逐渐消逝，取而代之，新产生了道教的世界观（天界说）。

这个期间的变化概括如下：

- 神话的升仙……昆仑山信仰（对理想境界的向往）
- 神仙的升仙……西王母信仰（对长生不老的希求）
- 道教的升仙……对不死的信仰（祈愿在道教天界中永生）

这样，昆仑山最终演变为道教的天界说。虽然发生了变化，但天界说并未完全脱离昆仑山，而是将其作为天界的结构全盘吸收了进来。所以，天界是垂直结构，道教的经典也讲灵魂“上升”至天界。昆仑山升仙的原型，就这样保留了下来。

以上，就神仙、道家不断接近神话传说中的昆仑山信仰，最终演变为道教天界说的历史背景进行了探究。那么，这种变化为什么会成为可能?这是因为这种变化并没有发生“质变”，两者之间能够替换，也是因为昆仑山与天界说原本是同一个冥界观念。

这种观点，如果根据前文图 4 的升仙图来考虑，所显示的世界观自上而下为：

- 空间上的：天上、地上、地下
- 时间上的：来世、现在、过去
- 存在主体：神仙、人、鬼（死者）

这是自古就有的中国式生死观。人们认为这三层世界并不相互隔绝，而是相互联结。这三层世界原本都是垂直表示，现著者将其稍作改变，用其他方式表示，如下图所示。（图中①是原来的垂直表示，②是著者稍作改变后的表示）此图的特点是能够清楚地显示现世与他界。

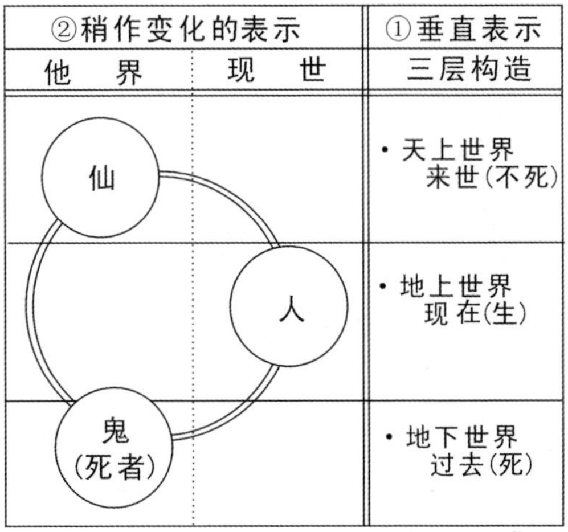

古代中国人的生死观示意图（著者制作）

图中三者之间相互联结，表示它们之间可以相互转换。例如，死者的灵魂在天上界受到炼度之后，可以在人间再生，继而再成为神仙回到天上界；或者人一旦死之后，可以随时在这个世上再生，这在许多道教经典中均有记述。

上述观点是否正确暂且不论，下面需要留意的是，把昆仑山添加进去之后形成的图，如下图所示。

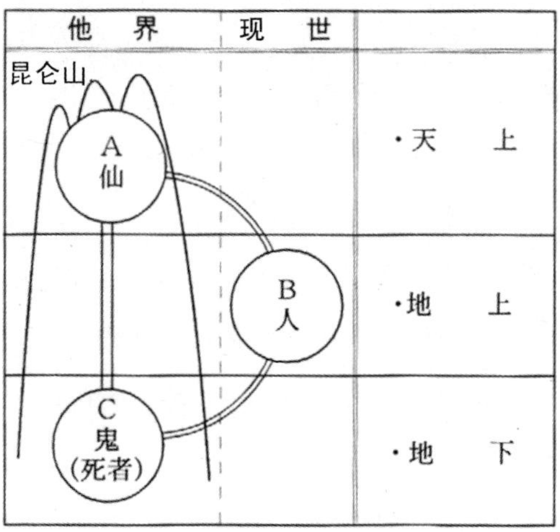

昆仑山与古代中国人生死观重合示意图

此图的特征是，昆仑山表面上看似只是耸立于地面的山峰，实际上却明显存在于他界。从中可看出，昆仑山下有地下幽府（死者的世界），山顶上有不死之仙界。所谓昆仑山是天地相通的阶梯，意思是指地下幽府中死者的魂魄，能够使其向天界上升，并送往仙界。图中 AC 间的线段即相当于昆仑山阶梯。同时也能够理解，如果不是昆仑山而换作道教的天界说，亦同此一理，与在地狱中受煎熬的死者灵魂穿过三界而上升至上层天界一脉相承。

这样，就自然可以理解，神话传说中的昆仑山为什么能够演变成道教的天界说了。

在此分析的基础之上，再来回顾一下昆仑山。

昆仑山确实是神话传说中的神山，但显然表示的是人们死后的理想之乡，这一点可以再次确定。

- 昆仑山地处西北，这与自古以来认为冥界在西北的想法有关。也与“西方上尊”的思想，例如佛教“西方净土”的观念相通吧。另外，在《楚辞・天问》中，屈原问道“日安不到，烛龙何照?”，汉代的王逸在批注中解释道：“天西北有幽冥无日之国，有龙衔烛而照之 。”这个地处西北的无日之国，就是指冥界幽都，位于西北昆仑山之下。(参照罗二虎《中国汉代的画像和画像墓》，庆友社，2002 年)
- 称昆仑山是高大而通天的阶梯，是指其从地下幽都一直通往天国仙境，表示灵魂可以升至昆仑山。正因如此，镇墓石上才会有“明开长夜九幽之府，出某甲魂神……迁上天府”这样的祈愿碑文。这是将天地相通的昆仑山与巫术信仰相结合发展演变而成的。
- 此外，昆仑山中有黄水。所谓的黄水就是指黄泉（冥府）。
- 昆仑山下有弱水之渊，是指去冥土时要渡过的河川（滦河、三涂）

这样，昆仑山从其下方的九幽之府，到其上方长生不老的天国、诸神仙境界，其整体就是一个冥界地府（如图 6）。

可见，昆仑山与道教天界说，都同样是涉及人死后的世界观。

如图所示，昆仑山既然是从地下幽府通往天国之山，那么是否意味着任何人都可以自然、自动地升往那里？其实并非如此。人们要依赖巫觋、方士（道士），希望得到他们的帮助。升仙图与汉代墓室中的画像石，均为祈求升仙。唐代的镇墓石则是以此为宗教，将其教义化、仪礼化之后出现的产物，但未改变其作为巫术的本质，人们依靠它来祈求升天。

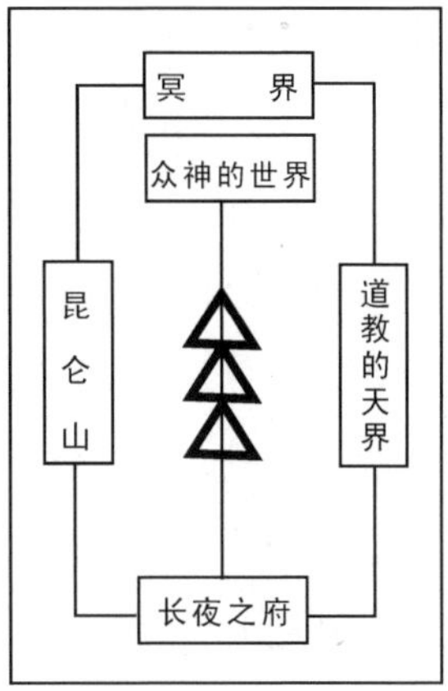

图6　死后的世界观

八、天帝迎接方能实现升仙

怎么样才能够顺利地登上昆仑山呢?

实际上，要登上昆仑山，首先，就必须度过弱水这一难关。弱水乃环绕昆仑山之河，其水不浮鸿毛，能淹没任何东西，一般情况下根本无法渡过。《括地志》有如下记述：

- 昆仑之弱水中，非乘龙不得至。

要渡过弱水河，龙是唯一可乘坐的工具。升仙图里也放入了龙舟。

另外，《度人经》中与难关弱水相当的是三界。三界（欲界、色界、无色界）是指占据三十六天内下层的天界。从地狱解放出来的幽魂，在升往天界的过程中，首先面临着通过三界的考验。在此过程中，如果得不到统辖死者的魔王的保举（推荐），就不可能再向上升天。这样，要通过三界上升至长生世界，没有魔王的帮助，根本无法实现。魔王在此处的作用，与渡弱水河时所需的龙相对应。

此外在《山海经·西山经》中有如下描述：

- （昆仑之丘）有木焉。其状如棠，黄华赤实，其味如李而无核，名曰沙棠；可以御水，食之使人不溺。

此树的红色果实，具有使人不溺于弱水而渡河之神力，但这种树长在昆仑山上。在接下来要登昆仑山时，怎样才能得到这种果实呢？其实，侍奉天帝的神鸟凤凰，作为天帝的使者，在飞落昆仑山时，嘴里衔有这种红色的果实。因此，无论凤凰还是龙，都是侍奉天帝的神兽，只有在它们的迎接、引导之下才能登往昆仑山升仙。

《度人经》记述，天上世界及冥界诸神校阅生死簿，挑选救度候补者，由元始天尊最终下令度人（救度）。与此相同，三界的魔王们，也不可擅自决定，其魔性受元始天尊控制，他们根据天尊的意旨行事。因此，经书典籍中记述的，根据最高神的旨意实施度人手续，与上述由天帝派出使者之后开始升仙在道理上一致。

《五炼经》中记述，道士在埋镇墓石时念咒语：

“有请……上帝奉迎。”

如这句所示，其与有上帝派出使者迎接方能升仙的思想也相吻合。

就这样，靠巫觋道士的咒语、经书典籍的法力，祈愿墓主人能够得到上帝的迎接，然后顺利实现梦寐以求的升仙。

九、昆仑山与天界说相通的实质

以上从形状、特性等方面对神话传说中的昆仑山与道教的天界说进行了对比；最后将从昆仑这个词的“词源”和“语音”以及思想性方面，对昆仑山与天界说的关联性作以探讨。

那么，昆仑的词源和语音是什么？在众多研究中，以下论述最受关注：

①昆仑，在《康熙字典》中解释为“凡物之圛浑者曰昆仑”，指“天之穹隆之球状”。（索绪尔《昆仑的词源》）

②昆仑二字读音，合为一音就是“圛”，即为天体。昆仑两个字的读音，约音为“昆”一个音，有菎、云、回、军、圛等，这些之中都含有“圆、环绕”之意。（御手洗胜《昆仑传说的起源》）

（以上两点参考御手洗胜《古代中国之众神》，创文社，1984 年，670—671 页、723 页）

＊笔者注：圜是指圆、环绕、围绕、环、环绕大地之苍穹、天空、天等意。另外，浑也有圆之意，浑天是指环绕大地的圆而呈球状的天。

③此外，在中国古典《列子·天瑞》篇中，关于天地开辟之初，有如下记载："……气形质具而未相离，故曰浑沦。浑沦者，言万物相浑沦而未相离也。"

此处，浑沦的"浑"字，是浑然一体之意；"沦"是指沌，即不分明的状态，浑沌 = 混沌。

＊笔者注：浑沦就是昆仑，与混沌相通。

上述"天之穹隆"与第三章第四节中（黄帝中元天文之意，见 89 页）"存在于广阔的高空中、笼罩这个世界的'穹盖'（天空）"相通，"穹盖"又与墓中穹隆形、圆顶天井的"华盖"相通。这些词的词义均通昆仑一词，这一点非常重要和关键。

另外，关于"华盖"，《太平御览》卷三八《昆仑山》，引述《葛仙公传》曰：

"昆仑山，一曰玄圃台，一曰积石瑶房，一曰阆风台，一曰华盖，一曰天柱，皆仙人所居。"

其中有一句"昆仑山一曰华盖"，这一说法是对笔者上述观点的有力补充和说明。

从上文的①②可以看出，"昆仑"一词的词源、语音，与"天之穹窿""华盖"相通。与昆仑 = 圜 = 天的理解一致，它一方面指物理的、上空中浩瀚的天（天是圆、环绕之物）。但是，在探究这个词的本义时，著者认为，它不只作为神山的"名称"，即昆仑一词不单指昆仑山，还是某种思想的体现，即表示天。这个词本身含有宗教性质的世界观和冥界观念，应从思想、宗教上对其进行探讨。

回顾前文，昆仑山的确被描绘成通往上天的灵山。那是因为它是联结天（仙）、地（人）和地下（冥界的鬼）之间，可升降的巫觋（巫师）的立足点；是称为通天阶梯即天地相通的"神圣通路"；同样，还因为昆仑山与巫术在思想深层上相通，故更具重要意义。登上昆仑山便可长生不老，这种神仙思想，原本就是从巫术中产生的信仰。

灵宝经也同样起源于巫术，根据灵宝经内容的镇墓石，祈愿死者的灵魂能够通过道士的巫术（尸体再生的法术）升往道教的天界，也就是登上昆仑山。但那并不是登上昆仑这座“山”，而是登上通往上天的神圣之路。昆仑即“天”“华盖”，昆仑山就是投射这种思想的神山。灵魂以天界为目标上升，是在这种思想中上升，其前方要到达的、能够看到的，是天界的上层、光明的极乐世界，那里便是昆仑山的山顶。

只要登上昆仑山便能长生不老、获得永生。这一点，与前面第三章第四节记述的，“华盖即发旺气之地”即昆仑（华盖）之气相关。

《河图括地象》中有这样的记述：

> 昆仑山为天柱，气上通天。

指纯粹之精气充溢于山岳之中，昆仑山的灵气通达天际。

此灵气即精气，是生命活力的源泉使生命再生的灵之能量。死者沐浴此清鲜精气，就能够更新生命获得再生。前文第六节（156 页图 5）提到，位于升仙图中心、贯穿昆仑山的那条垂直线，象征上升的能量与生命的永恒。形成此能量之源，就是这种精气。这就是“气上通天”。

这与镇墓石“五炼生尸之法”中所讲的“朽骨吸收新的精气，便可以还魂再生”之法术相关联。死者如此获得再生，成为已洗去一切污秽之身（仙人）而获得永生，这就是五方镇墓石中居最显要位置即棺上中央镇墓石所祈愿的内容，即“黄中总气、镇星吐辉”。

永生，就是回归昆仑山所指向的宇宙本源。那里无生死之区别，天地处于未分离的混沌状态，乃宇宙之始源。上文所列举的③《列子·天瑞》篇中写道，混沌（昆仑）一词是指万物未分离的状态（浑沌），这更有力地支撑了昆仑乃宇宙本源的观点。生死如一，宇宙万物永劫回归，劫与生循环相伴的“回、圜”、“环”、生—死—生（再生），乃昆仑信仰的中心思想。昆仑山应该是可以获得轮回的圣山。

这种“生—死—生（再生）”的轮回循环是永生之本意。在这里，时间永恒流逝，时间自身也在循环。时间永远向前，过去便不再返回，不再重复。循环也带有时间性、自行前进，不会重复同样的事情。因此，“生—死—生（再生）”的循环并非回归原处，而是螺旋状前进，这是永生的本质。

关于螺旋状，记得前面第三章第三节（87 页）曾写道，灵魂从埋于镇墓石四个方位的四方各八天即三十二天，向着昆仑山螺旋形状升至天界。这实际上就是登上昆仑山仙界。著者认为，螺旋状登上昆仑山，的确非常贴切的象征了“永生”这一概念。

镇墓石的四方各八天三十二天，自东顺时针方向排列。前文第五章图录⑥所见昭成皇后窦氏的镇文，也是从右侧（右边 = 东）开始，顺时针方向刻上去的。著者认为，自东向右顺时针旋转的方式，被人们当作是生命世界中产生再生、永生活力的咒术手法。

源自同一巫术，昆仑山一方面可认为是表现昆仑思想的神话昆仑山；另一方面，到了后世排除其神话性，不知何时被纳入了灵宝经的经典中，开始被看作宗教昆仑山。灵宝经在产生的过程中，深受昆仑思想的影响。

将昆仑山和灵宝经二者联系起来的是“昆仑 = 天 = 循环 = 再生 = 永生”这一共同的宗教世界观、冥界观念。著者认为，这才是昆仑山与道教的天界说在本质上相通的真正原因所在。

与此相关，长沙马王堆出土的“升仙图”中，隐含着至今仍未解明的、深奥的昆仑宗教萌芽。著者认为，就此问题进一步探究，能够更加明确昆仑思想与道家的关联性。

十、须弥山与佛教，昆仑山与道教的天界说

以上论述了昆仑山与道教天界说的关联性。由此可以联想到古印度的须弥山传说。

须弥山是古印度神话中一座耸立于世界中心的巨大山岳。它高可触天，日月星辰环绕四周，是众神之居所、江河之源……其特征酷似昆仑山。两者之间为何如此相似，先暂且不论。谈到须弥山的传说，它反映了

古印度人的世界观，此世界观被后世继承、发展，形成了佛教的世界观。

印度佛教对中国道教的天界说产生了重大影响，这一点毋庸置疑。

佛教自古就有一个关于须弥山的传说，认为须弥山的山顶，是帝释天主宰的三十三天诸神之居所。须弥山山顶及上空，有含夜摩天、兜率天等四天宫在内的六欲天（欲界），其上，还有被称为禅定者世界的色界和无色界（以上总称三界）。

与此相对，中国道教的天界说，吸收了佛教的三界说，将其作为下层天界，其上有四种民天，再上层有三清境，统辖整个天界的元始天尊住所大罗天被置于最上层。其将佛教的天界置于下层，道教的天界置于其上。同时，天界的构造原型，求诸于中国之圣山昆仑山的形状和特性，这大概是从古印度的须弥山与佛教关系中得到了启发。

如前所述，昆仑之丘，其两倍高处有凉风山，凉风山两倍高处有玄圃山……实际上根据不同的观点，这些山也可解释为昆仑山上空重叠的山峦。也就是说，昆仑山上贯穿着凉风山（不死 · 四种民天）、玄圃山（灵 · 三清境）这样的道教天界。而这恰好与人们认为须弥山上空贯穿着佛教天界相对应。

另外，昆仑山是地下冥府通往天上界之山，这一点支撑着道教的冥界观。而这恰巧与佛教中赡部洲（又称阎浮提，位于须弥山以南，我们人居住的岛屿）之下乃八热地狱，即极乐世界与地狱均以须弥山为中心而存在这一点相对应。

这样，可以清楚地浮现出如下的关联性，即：

- 印度 = 须弥山 = 佛教的天界说
- 中国 = 昆仑山 = 道教的天界说

解释为什么昆仑山与道教的天界说相通，可认为上述对应式就是其背景及理由所依。

第九章　刻于镇墓石盖顶的坟墓装饰线刻画

——对其意思和功能的阐释

没有文字只有线刻画的镇墓石特例

镇墓石本来是“书”在“石板”上，埋于土中的。《五炼经》中有如下记载：

东方　黑书于青石上

南方　青书于赤石上

中央　朱书于黄石上

西方　黄书于白石上

北方　白书于黑石上

与此相关，前文讲到的《唐桥陵勘察记》中记载，昭成窦后南方镇墓石，镇文刻在被涂成朱色的镇石之上，出土后一段时间还保留着原来的颜色。

本书所介绍的唐代镇墓石不是石板，是墓志形制。文字是“刻”成的东西（成都北宋墓的镇墓石为厚 4 厘米的石板）。既然是墓志当然就有盖石了，在盖顶刻题记是通例。镇墓石没有规定的形式，所刻内容根据每一次的考案而定。

人们认为唐代的镇墓石应该都有盖，但多已丢失，诸资料中涉及到盖的不多。唐桥陵昭成窦后和金仙公主的镇墓石盖实属特殊，在此要加以论述和分析。这两块镇墓石盖上没有任何文字，只有线刻画。而其他的镇墓石，其盖上刻有标题，都是常规之物，此处不再赘述。

一、昭成皇后窦氏

——祈求升仙于昆仑山的神兽画

出土的南方和西方镇墓石盖顶都有纤细美丽的线刻画。一幅是凤凰，另一幅是一只像虎的动物。出土的地点是桥陵的园墙南门外和西门外。因为桥陵的四门分别是：东边青龙门、南边朱雀门、西边白虎门、北边玄武门，所以南方刻的是朱雀，西方刻的我认为是白虎。收藏此画的蒲城博物馆也这样认为（蒲城县文物保护中心的路晓弟说）。

因为这是昭成窦后的镇墓石盖，那么这些神兽是四方保护神之类的神兽，还是与镇墓石有很大关联且意义深奥的画呢？著者认为有必要从以下这几个角度思考一下。

1. 南方·天帝使者凤凰和沙棠果

这幅画被认为画的是凤凰（图7）。

图7　昭成皇后窦氏南方镇墓石盖顶画拓本（缩小）

蒲城博物馆（著者藏）

《唐桥陵勘察记》中也认为这是凤凰，写道“首微昂、颈饰管、口噙珠、卷尾、双足腾空、姿态雄傲”。颈戴着宝环，嘴里衔着珠（玉），只有凤凰才有的修长上卷的尾羽以及漂亮的冠羽，都说明这是凤凰无疑。

但此处应该注意的是颈上的宝环和嘴里的“珠”。

首先是宝环。

来看一下长沙陈家大山楚墓（战国中期）出土的帛画（图8）。画中有伴随墓主人昆仑山升仙的龙和凤凰，凤凰的颈上有宝环。

另外，长沙马王堆一号墓第三重棺左侧板漆绘（图9），刻着乘坐在登昆仑山的龙身上的凤凰，它的颈上也有宝环。宝环的两端有双重的边，这和窦后镇墓石的情况相似。

可以看出，即便登昆仑山的凤凰并非全都戴着饰环，但这至少是其凤凰的一大特征。

由此，我们可以推测，图7中的鸟是登昆仑山的凤凰。

图8　长沙陈家大山楚墓出土帛画

其次是“珠”。认为这是登昆仑山的凤凰，那么嘴中衔的就一定是珠子吗？这只凤凰是天帝派来的使者，是从昆仑山下来迎接墓主人的，它将陪伴墓主人登上昆仑山。据说，珠和寿的意思相通，但人们是为了谋求不老不死而登昆仑山的，那样的话，珠（寿）就没有多少意义了。所以首先应该想到的是为了避免墓主人落入弱水被淹死就必须要用到的沙棠果。

图9　马王堆一号墓棺左侧板漆绘（部分）

这样考虑的话，南方盖顶上画的就是引导墓主人上昆仑山的凤凰。

再仔细看一下图 7 的下部，可以发现凤凰的脚下从左到右刻着“云气纹”。坟墓中的装饰画，人物、动物、马车都乘着云气纹的话，说明这不是现实世界的东西，而是冥界的东西。由此可知，此凤凰并不是所谓的四方保护神之类的东西。

这个云气纹，有着丰富的云头，并且用两三根曲线表示长长的尾巴，最后合为一根。这个纹样和中国唐代出现的“宝云纹”的特征一致，呈现飞云的造型，表现的是佛教神仙腾云驾雾来往于天地间的流云的情形。这幅图，不仅表现冥界，更重要的是表达了飞行在天地之间的意思，意味着凤凰登上昆仑山的意境。

（图 7 的四周斜面上也刻有云气纹，这种也可在其他墓志中看到，它起着装饰空白的作用，没有飞云的造型）

2. 西方·奔腾着攀登昆仑山的驺虞

这幅画像只老虎（图 10－2）。《唐桥陵勘察记》中，认为这也是凤凰，但是看着不像。它颈细，爪子大而锋利，尾巴细长，整个形体细瘦。看似一条龙，但是我的结论是虎。

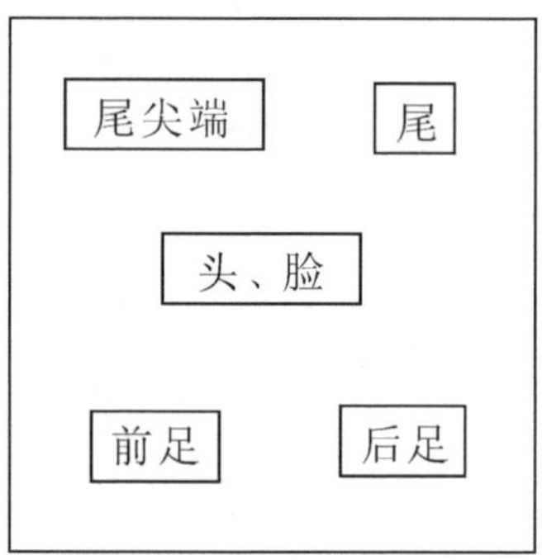

图 10－1　昭成皇后窦氏西方镇墓石盖顶画示意图，中央部分即图 10－2

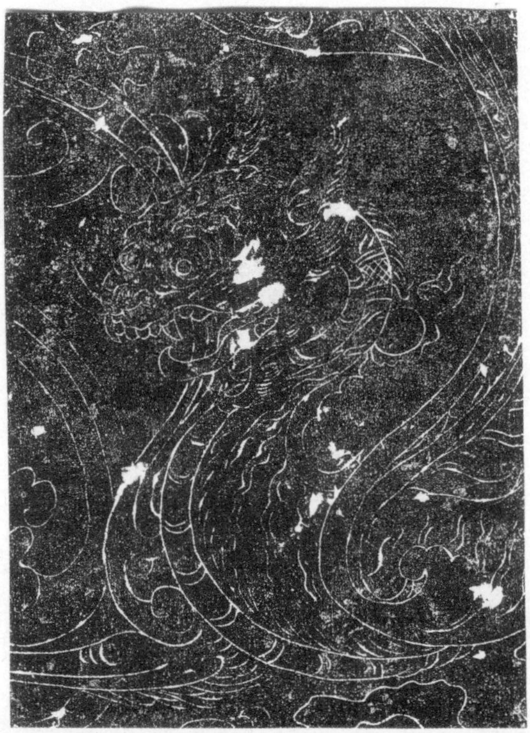

图 10－2　昭成皇后窦氏西方镇墓石盖顶画
拓本缩小只显示头部　蒲城博物馆（著者藏）

神兽（四神）画的画法有很长的历史，随着时代的变迁而产生变化。在制作镇墓石的唐代前期，画法受后汉、南北朝的影响很大。例如河南省出土的南朝画像砖上的神兽画（将刻有画像的范，压在砖的表面，烧成后镶嵌在墓室的内壁上，称作砖刻画。这上面的虎就是细颈、锐爪、长身（见图 11）。面部左右各有长牙，肩膀生有翅膀，脚跟处有羽毛，全身都有两根细的条纹模样，尾部也同样，喉咙至下腹部有两根线。

图11　河南省邓县南朝时期画像砖虎　1957年出土

有同样特点的画像在江苏省出土的南朝砖刻壁画上也可看到（见图12）。在这个砖刻画的旁边刻有“大虎”二字，可以确定这就是虎。图12与图10－2非常相似。而在那个时代，龙通常被画得面似鳄，全身都有鳞，而且鳞多被画成斜线或波纹状（见图13）。

图12　江苏省丹阳市南朝齐代砖刻画虎　1965年出土（模本）

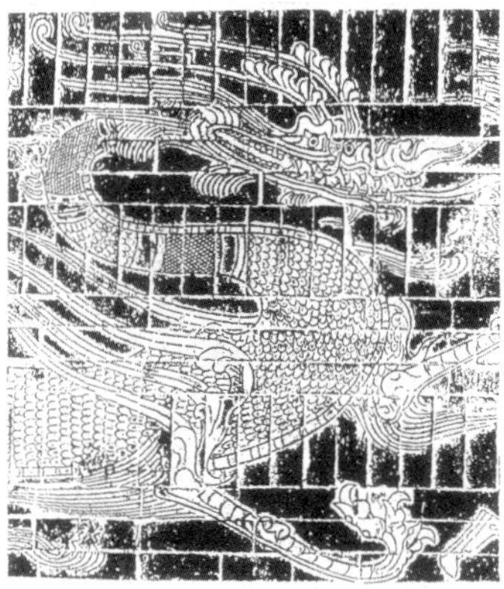

图13　江苏省丹阳市南朝齐代砖刻画龙　1965年出土

与图10－2的虎一样有着长尾巴的老虎，在马王堆一号墓棺的左侧板漆画上可以看到。曾布川宽氏认为它是驺虞。驺虞是一种瑞兽（吉祥的动物），大小和老虎差不多，尾巴比身子长，可日行千里。这种动物就算是虎，但是它的特征就是尾巴比身子还长（见图14）。

图 14　马王堆一号墓棺左侧板漆绘部分

右边的动物是驺虞

它的尾巴稍用云气纹刻画，若隐若现，的确很长。图 10－2 的老虎尾巴卷到了头上。从这个特点看，可以说那老虎实际上就是驺虞。尤其值得注意的是，它的颈上有一圈宝环。也许它和图 7 中的凤凰有着同样的意义，这个老虎也是天帝的使者，是来护送昭成窦后的灵魂登上昆仑升仙的。从马王堆一号墓漆绘描述的登昆仑成仙来看，这幅虎图也表达了祈祷昭成窦后升仙昆仑的意思。

再看图 10－2 的构图，虎身如弓拱向天空。一般画神兽的话，不画这种姿势，这一定另有特别的意义。山东省沂南县出土的后汉末期的画像石（石上直接刻着画像，镶嵌在墓壁上）。石上有一幅叫作“腾空羽人”的画（见图 15）。这幅画的羽人和图 10 虎的构图非常相像。

图 15　山东省沂南县北寨村后汉末前室西壁北段画像中的腾空羽人

1954 年出土（模本）

羽人的肩部长出了羽翼，卷向上方；而老虎也是从肩部伸出两翼，呈美丽的曲线，卷向上方。羽人被风吹起在空中飞舞，其实就和印度传来的佛教画中的飞天（在天空飞翔，吹奏天乐，播撒天花，传颂佛的功德的天人。天人是修道之人，也是天界的仙人）是一致的，这点有重要的意义。羽人就是有翅膀的神仙，是天帝的使者。

再来看一幅和羽人、虎有着几乎同样构图的画（图 16）。这幅画像在河南省巩县石窟寺第三窟（北魏时期）中央方柱的西面佛龛右上方，是一条龙。一般在佛像的光背位置都有飞天。从这个倒立的姿势来看，可以判断它和飞天有相同之处。图 15 的羽人为墓室前室西侧壁画的一部分。整个前室的画像描绘的是和神灵交流的内容，应该值得关注。另外和羽人姿态完全一样的图 10－2 上面的虎，它背负着昭成皇后的魂灵，露出牙齿，伸出双爪，张开双翅仿佛要飞向天空。虎的两翼，就像天人双肩上的天衣，细长婆娑，随风摇摆。两个前足踩着云彩，在此伸出三根细线向上轻妙地延伸直到图的最上部，然后集中在中间一点上，这是明显的"宝云纹"。一般的宝云纹如同图 7 那样横向构成，而图10－2却是垂直方向随风飞舞的式样。这是个特例，应该有其特殊的含义。那就是，虎和羽人均为飞天的化身，向天上界（昆仑山）飞去。

图 16　河南省巩县石窟寺第三窟北魏时期的龙纹图案

从以上的分析可以看出，昭成皇后的两幅镇墓石盖画，都揭示了镇墓石升仙昆仑的主题。镇墓石盖画是唐代的重要遗产，展示了成为道教信仰的升仙昆仑思想。

3. 描绘昆仑山升仙的坟墓装饰画

至此我们已多次说到，镇墓石所祈愿的向天上界升仙，其实和昆仑山升仙是相同的，而镇墓石盖顶画正具体表现了这个相同点。

而且这种绘画可与汉代画像石那样的坟墓装饰画相媲美，简直就是身处画廊的感觉。

以上两块盖石画，都基于道教信仰，和镇墓石底构为一体，已超越了坟墓装饰画的领域，是一种宗教画，象征着镇墓石的宗教性。同时，那幅绘着形似飞天老虎的图画，可以说是一种受了佛教影响的道教画。祭祀亡者的魂灵，而后升天（昆仑山）成仙。升天成仙都借用了宝云纹和飞天像的形式，暗示着人们动态的飞翔观念和对死后世界的宗教性的期待。以这个观点来看图 7，凤凰头上的那几根向上翻卷的美丽的尾羽，仿佛在随风摆动很有动感，可以看作是飞天那飘逸的天衣。这个凤凰图和一种画像砖非常相似。那是一块在河南省邓州市出土的南朝时期（5 世纪后期）画像砖，即图 17。上图是《列仙传》（1 世纪后半期—3 世纪后半期的作品，收录了七十位仙人的传记）中的传说故事，描绘的是左边有一个人（周灵王的太子晋）在嵩山（中岳）和右边的道士（浮丘公）一起进行神仙修行的场景。

图 17　河南省邓州市南朝时期画像砖　1958 年出土

上《列仙传》的传说：太子晋与道士；下 天人图

中间画的就是天帝的使者凤凰。这个凤凰也是乘坐着从左至右的祥云，头顶上翻卷着美丽的尾羽。全身的姿势、双足的摆设方式都和图 7 一样。下图是同时期出土的天人（飞天）图。从这一系列的图来看，可以知道修行、神仙、飞天、凤凰都是相关联的，都表达了死后的世界中灵魂升仙的意思。

把道教和飞天放在一起，也许有很多人感到不妥。其实，早在北魏时代，在道教塑像背光部就有飞天的浮雕（见图18），道教很早就和佛教融合了。

图18 道教塑像背光飞天 北魏永平时期（508—511）

中国在王朝交替时，总伴随着激烈的战火和破坏。北魏的洛阳城、唐代的长安城，寺院里那些佛教艺术瑰宝都在战火中损坏了。因此，昭成皇后的镇墓石盖顶画，作为玄宗朝乃至玄宗皇帝身边的道教信仰和宗教画的一个缩影，具有重大的价值，是一份十分重要的文化遗产。

昭成皇后的镇墓石仅出土了南面和西面，其余的东面、北面和中央，却不得而知。假如在这几个方向也有的话，那镇墓石的盖顶画上到底刻着什么呢？留作今后调查的课题吧！

二 、金仙公主

——以德为重的牡丹华纹天盖

因为没有金仙公主墓的发掘简报，故几乎不能找到关于这个镇墓石和盖石的任何资料。蒲城博物馆展出了金仙公主的墓志和盖石，而在墓志的上方展出了镇墓石的底石。有盖还是无盖，未加以说明。

照片11 金仙公主镇墓石盖石（著者推定） 蒲城博物馆（著者摄）

但是自此往里面，展出了一个未加说明的，孤零零的盖石，实际上这个盖我推测是金仙公主的镇墓石盖（当地博物馆没有关于发掘的详细记录）。盖上没有文字，仅有一些线刻画，大小为55厘米的方形，与镇墓石的底石

大小相同。(见照片 11)

盖顶和四方的“刹”(倾斜面)都有线刻纹样。

1. 刻有牡丹画的盖石

首先来看盖子的顶部(见照片 12)。乍一看,这是“宝相华纹”(是一种极细的线刻画,该照片是从侧面拍摄的)。

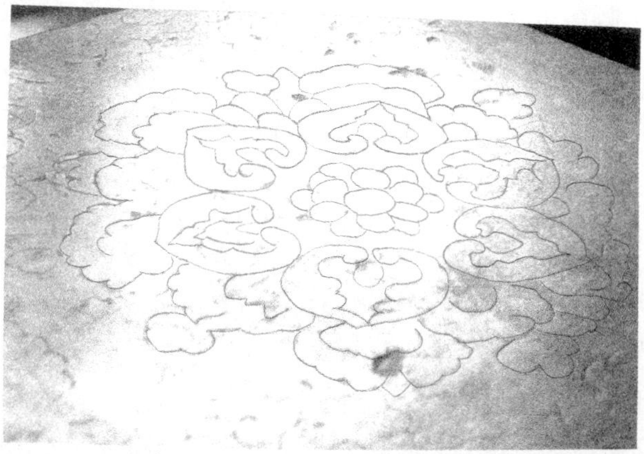

照片 12 盖顶面中央大宝相华纹(著者摄)

为了清晰,著者用铅笔描绘过

其他的墓志盖顶也可以看到这种“宝相华纹”图样。比如,永泰公主墓志盖顶的标题四周精美地雕刻着这种图样(见图 19)。而这个盖顶采用了双重构图法,图的中心是是自上方俯瞰的花形,其周围是半叶形图样,勾成花瓣。更加复杂的结构就会是三重花形,形成华丽的装饰纹样。图 20 是奈良正仓院所藏宝物的图样,两者之间的相似之处让人很吃惊。

图 19 宝相华纹

永泰公主墓志盖顶标题四周(部分)

其实“宝相华纹”和“蔓草华纹”都不是按照实物来绘图的，而是中国人的艺术创造，是理想中美丽花草的式样。其在盛唐时代（8世纪前半期）十分兴盛，是贵族文人所推崇的艺术之巅。这种人类想象中的植物有几种，名称也有几种，其总称沿用至今，即为“宝相华纹”。

图20　赤地宝相华纹锦（染织部分）
奈良正仓院（8世纪）

如此，金仙公主镇墓石盖顶部的中心位置刻有一个很大的“宝相华纹”图。其中间的圆形为花心，四周是花瓣，可以看出这是牡丹花的图形。“宝相华纹”是理想中的植物，原本变化自由，没有固定的形式，但是，此处我认为它是唐代花草的代表——牡丹花的图样。其原由，一是金仙公主是道士；其二，道教和牡丹（原产中国）相关，佛教和莲花（原产印度）相关。另外更重要的一点是：在盖顶的主要面而且是中央部分刻着牡丹的图案，它就不仅是装饰，其本身就含有很重要的意义。六朝以后，在宗教因素的影响下，坟墓装饰画中多出现莲花或牡丹花，这里也可以看出这一点。其次，如同昭成窦后镇墓石盖顶上神兽的解读一样，它和墓主死后的一切都有着深切的关联。

再从四周的斜面来观察（见照片13）。整个斜面上都刻着细致的线刻画，是牡丹花纹。图如从盖顶向四周连续，则盖石成为一个整体。

金仙公主镇墓石盖顶上主要图样是宝相华纹，其中心部分因金仙公主是道士而刻的是牡丹，周边的斜面也是牡丹花形。思考其意义，宝相华纹是唐朝时代人们理想中的美丽的花，也肩负着把金仙公主送往死后仙界的含义。同时，这种花永远盛开，永不凋谢，它带着不朽的永恒的美被刻在盖顶上，象征着对金仙公主“骨芳肉香，亿劫不灭”的那种再生、不死、永生的祈愿。四周刹面上的牡丹，是专为公主而选，是公主信奉道教的有力证明。例如，西安碑林石刻艺术室里，有一个老君像的台座（道家的始祖，唐代作品），台座上就刻着牡丹花。故可推定，镇墓石是作为“五炼斋”的一个环节而被埋在地下的。

照片 13　牡丹花纹

四刹整体都有（著者摄）

（花纹由上向下）

由此看来，玄宗和玉真公主给其母昭成皇后刻的是昆仑升仙图，而二十年后给金仙公主刻镇墓石时考虑到金仙公主是道士所以刻了牡丹图，这是非常合适的。道士带有传统的萨满要素，可以在仙界和人间界自由往来，是为了救济俗人的传教者。所以，这里没有必要绘制金仙公主升仙昆仑的图。金仙公主已经有了最高位阶，比起升仙昆仑，表现升往道教天界的图更加有意义。刻有牡丹图样的镇墓石，表达了金仙公主已经升入圣域的意思，盖石就起着“天盖”的作用。道教经典上说，灵魂用很长的时间升向神仙居住的三清境之太清境，然后升往上面真人居住的上清境。那么，金仙公主已经到达圣人居住的玉清境了。

2. 被认为是金仙公主的女人像

在金仙公主镇墓石的底石上，还有另外一个线刻画，那就是刻在北方篆文左右两侧的女人像（图21）。

从女人的发型、衣着及头上的装饰来看，这并非是一般的仕女，可以认为这就是金仙公主本人的画像。手中拿着什么东西并不清楚，看起来像一位圣

图 21　金仙公主镇墓石（底）女人像

人，头顶上方的应该是将牡丹花蕾图案化的华盖吧！华盖是当时富贵人头上撑的华丽的伞，这幅画总体用一种流水似的美丽曲线勾勒而成，美丽的形状即是华盖的一种表现！

很难考虑在镇墓石上还会刻有墓主人以外的人，所以还应该是金仙公主的像。这幅画展示了唐代地位最高女人的身姿，可以作为道教史的重要遗产。如断定这个绘画是金仙公主本人的话，那么头顶上方肯定就是牡丹华盖，同时也和盖上牡丹花纹的天盖是相同的！那么，刻有牡丹花的盖石实际上就是华盖。

天盖是佛教用语（佛像、棺等上面装饰物），是赞颂对佛教亦有深刻理解的金仙公主那高贵德行最合适得体的修饰。牡丹又是玄宗皇帝最爱之花，因其为富贵之花、娇艳之花得到赏爱。玄宗将牡丹定为百花之王，用牡丹之花作为最疼爱妹妹的镇墓石点缀品，是希望送她去仙界吧！我们仿佛可以看到玄宗思念妹妹的一丝柔情。

追　记

——一些未确认的事项

清代末年的金石学者叶昌炽的著书《语石》（光绪二十七年，1901）第五卷中，有关于四件镇墓石的记载，其中两件的墓主为顺天皇后先考酆王和金仙公主，另外两件没有记述。书中的记载多为片断，方位含糊不清，甚至有些错误，可信性不高。而且，镇墓石在当时似乎仅为民间收藏家所藏，所在地没有明确记载，故本书中没有涉及。

现存于蒲城博物馆的金仙公主镇墓石，与《语石》中记载的是同一物？还是之后出土的其他一块？不得而知。我请该博物馆的吴桂英女士协助调查，但她的答复是“没有明确的记载”。

后　　记

初逢镇墓石

我长年关注着中国古代（汉—唐）石刻类刻字技术的历史，为此，考察了中国各地（黄河流域）的石碑类文物（含墓志），开始了解到“镇墓石”的存在。最初是 1991 年，在陕西蒲城县博物馆看到了玄宗生母窦氏和玄宗妹妹金仙公主两人的镇墓石，但并没有留意在心，只是那刻在其上的灵篆文字的神秘感和异样性给我留下了深刻的印象。

其后，因为在其他博物馆或出土物相关资料中，也经常看到镇墓石，所以开始思考这到底是什么东西，便开始了我的考察。

没有人研究镇墓石

然而使我惊讶的是，研究和解说镇墓石的出版物，在中国几乎找不到。并且它们出土时整理的资料，也没有被公开发表，我只能继续暗中摸索。根据中国和日本学者关于道教的文献以及中国博物馆的信息等，我将缠绕的线慢慢地解开，形成了自己的观点。

另外通过与中国西安碑林的马骥研究员、西安西北大学原历史学教授韩养民先生、陕西省社会科学院宗教研究所副所长张应超先生、陕西省蒲城县文物保护中心路晓弟先生等面谈，了解到中国没有镇墓石的研究者，所以我将自己迄今记下来的笔记做了整理和总结。

什么是镇墓石

本书主要介绍了什么是镇墓石，并按照我自己对它的了解，以镇墓石的全貌为主做了介绍。这本书并非直接从道教这门宗教的角度介绍，我是道教的门外汉，本书中难免有许多错误和纰漏。而且关于镇墓石的调查，还有很多不充分和考虑不足的地方，敬请给予指导。

比起探求昆仑山之“山”，更重视于昆仑思想的探究

昆仑山传说并非从一开始就是以完整的形式来记载的，几百年间在很多书籍繁杂的、片断的记载基础上，不断有新的资料叠加上去，而呈复杂化的特点。关于这段历史，以前的研究多是关于“昆仑山传说的发展史”的研究，本书基本上不涉及这方面，因为本书的主题是从宗教思想的视点来探求“昆仑思想”。虽这样说，昆仑山传说的发展史中必然包含着这种思想史，然而这方面的研究还是很少。我想，关于本书中说的昆仑思想其在思想史和道教史研究领域中一定存在吧。

墓主和方位之间的关系

墓主和方位之间的关系是研究镇墓石必须涉及的事项，然而由于我力不从心，还存在几个解决不了的问题。

首先，镇墓石理应埋在五个方向，而实际出土的例子中却仅有北方，或南方、西方，不在五个方位埋的情况很多。这是为什么，是我的一个疑问。

在这里所举例的镇墓石中，正式发掘调查出土的仅金仙公主与清源县主的。其他的墓是否被盗了？还是经过长年累月自然露出地面，已丢失一部分，故仅存现有的镇墓石了？我都不清楚。［自然露出是因镇墓石埋在

地下仅三尺的地方（离地面很近）（参照第四章第七节），但是清源县主的镇墓石却埋在墓中，看来埋葬方法不尽相同]

例如金仙公主的镇墓石仅在北方有（没有发掘报告，地点不详，又不能推断其他方位本来就没有埋葬镇墓石）。另外，其他墓主假定只埋有迄今发现的东西，那么为什么为那个墓主在那个方位埋下镇墓石？也就是说墓主和被埋镇墓石的方位之间，又有什么关系呢？从这个问题来看，清源县主是五个方位都埋有镇墓石的，但其中北方石被放在最里面的墓室的入口（甬道口）处，其他的都放在比较远的墓道内，这样便可推定，这个墓主的“主石”是北方石吧。然而，像这样墓主与方位之间的关联是否能成为问题，我不得而知。但是我关注这个问题，也许内心暗暗地期待着：研究出这个相关性，就有可能推断出关于墓主那些尚未发现的东西，或者遗失的东西，甚至史料中没有记载的墓主的个人资料也有可能明朗起来吧。

关于镇墓石的方位问题，墓主的出生时间和方位、颜色之间有什么关系，死因、死亡日期和十干十二支有何种关联，这些都还不清楚。关于这一点，真切盼望各位方家给予悉心指导。

关于灵篆文字

本书基本上没有涉及镇墓石上刻写的“大梵隐语”和“中央真文”灵篆文字，但是仔细观察一个个镇墓石，还是存在若干错误的，也许有丹书时的错误和石工的错误吧。将实际已出土镇墓石上的灵篆文字与现行的道藏《五炼经》的灵篆文字逐一对照便可得知，道藏本中存在很多的错误，具体有文字顺序上下错乱、左右行文字错位、少笔画等。虽说用这种特殊的书体书写，错误在所难免，但是镇墓石上的，经过我认真的检查，没有很大的错误。从这可以看出镇墓石的制作是慎重细致的。另外，敦煌出土的《五炼经》根本不存在这种错误，便可想象到唐代写经的严密和仔细。而且关于灵篆文字刻字的风格，镇墓石与敦煌出土的很相似，与现行道藏本有着很大的差别，关于这些今后有机会再去做个整理。

感谢关西学院大学

从事镇墓石研究以来，得益于关西学院大学图书馆的一般公开制度，使我在这四年间受益匪浅。馆内藏书都是开架形式，可供读者自由阅览。关于镇墓石，没有先行研究的书籍和资料，无从参考，无从下手，多亏有这种开架式阅览，我可以自由自在地查阅关西学院大学丰富的馆藏图书，包括中国古代神话、古典籍、思想、历史、考古学、道教、墓葬习俗、金石资料等文献，得以从与镇墓石相关的多角度进行研究探讨，大大提高了效率，也逐渐从中了解到镇墓石到底是什么，形成了自己对镇墓石的观点。

回顾走过的这段日子，作为一个民间的镇墓石研究者，而且镇墓石是很难的研究题目，正因为关西学院大学图书馆给我提供了极大的方便，才得以完成此书。在此，再次深表谢意。

加地有定　记

2004 年 12 月

译后记

初译此书

2006年，加地先生继《穿越遥远的时空》之后，希望我再翻译他的另一部著作《中国唐代镇墓石研究》。当时我承担翻译课的授课工作，便将此书的初步翻译当作作业交给当时2002级的学生们做了。由于此书内容不为人所熟悉，所以学生的翻译需要大幅度地修改，大多数地方都需要重新翻译。随后两年的暑期，加地先生均在西大留学生楼进行新的研究和探索，同时对该书第九章做了大幅的修改。由于先生不用电脑，所以，先生回国后，翻译的稿子和修改后的稿子都要邮寄给我们。历经两年，直到2008年才完成初次翻译。然而，那次却没能够顺利出版，只好束之高阁，另谋他途。以后每年见到先生，都因为此书一事觉得难以为情，一桩心事便压在了心头。

再译此书

从初次翻译到今年，已经时过九载。2012年春，高兵兵教授提到将此书收入“丝路·长安国际译丛”，并更名为《唐代长安镇墓石研究》，予以出版。我高兴万分，并深感荣幸，当下告诉了加地先生。加地先生得知此书有望出版，也十分高兴，欣然决定暑期再访西安。

由于交稿时间紧迫，我又将译稿做了第二次修改，交给出版社排版了。6月底，先生如期来访，于是样稿便交给了加地先生修改。由原作者校订译稿，既可以保证译稿的质量，也可以添加其最新的研究成果。由于有前面的合作，我知道先生的严谨，也做好了承受先生有力的“大红叉”（该修改的地方都用红笔打上大大的红叉）的思想准备。然而，说句老实话，这一次，那一个个大红叉是那样的大刀阔斧，显得那样的醒目。尤其是对一些字、词、标点符号等，先生坚持要使用他的原文或经典上的字词，比如“鄠”“恵”“灑”“祈愿”“仪礼”等。有一些语句，先生也不允许做前后的调整。我内心总想保持译文的流畅，便和先生有了分歧。最后此套丛书主编高兵兵教授建议，尽量尊重原作者的意图。所以，在此原则下，对译文反反复复又做了三次修改，保留了很多原字、原词。这也给排版的工作人员增添了较多的工作，有些古字都要造字才行。

第二章得到了高兵兵教授的亲自校订。第六章、第七章、第八章由西北大学外语学院徐璐副教授重新翻译。最后由著者做了最后的总修订。先生的大女儿承担了接收邮件的重任，将我们的译稿打印出来给父亲送去，然后先生修改后她再用快递寄过来。看到先生寄回的稿子上只有零星的批示，没有了醒目的红叉，顿感舒心。译稿终于得到了先生的认可！

先生修改过的地方，总写着“修改完毕”并签有日期。看着这些，总会想象在那炎热的夏天，先生或蜗居在西大的留学生公寓，或端坐在自家书房的桌前认真改稿的神情。一位年近八旬的老人，那样一丝不苟，那样孜孜不倦，敬佩之心油然而生。

先生凡事认真。为了更加精准，今年8月的炎热的一天，我们又一次驱车前往蒲城和富平，考察蒲城的唐代五陵和富平的定陵，并再次前往蒲城博物馆参观研究金仙公主的镇墓石和其他陈列文物。这已经不是第一次实地考察了，但每一次都同样仔细认真。此次他更是不顾年事已高，拨开草丛，登上陡坡，仔细观察斑驳的唐代石刻、石碑。拍完石碑的近景和远景，先生总会再对它们端详良久，并时而感叹上次看到的文物这次竟消失了，语气中是那样的不舍。此版的部分图片，就是这次新拍摄的。由于担心其他插图不清楚，先生又特意寄来了清晰的图片。

翻译心得

通过反复的修改，感到翻译学术研究著作，必须保留阐述或引用的经典的原字和原文。纵然行文不能达到自我满足，也要忍痛割爱，放下自认为绝妙的翻译，来保证经典的准确性。译者要在著者的背后，有些词句，不能用成语翻译，以避辞藻堆砌之嫌。

能够得到原作者对译文的修改，是一次学习提高的绝好良机。可以最大程度地保证译文的准确性，亦可以尽可能地保留原文的风格。

心存感激

耽误了六年之久，这部译著终于得以出版，实感不易。在此，要感谢信任我鼓励我的加地有定先生，又一次给我了翻译的机会，并有幸再次得到他的亲自指教。感谢提供出版计划和出版经费的高兵兵教授，没有她的诚心提携，此书的出版恐怕还是遥遥无期。感谢徐璐副教授和高兵兵教授，没有她们的鼎力支持，就不会这么顺利地完成翻译。也感谢参与此书初次翻译的同学们，他们的积极参与和辛苦付出，让我有了坚持下来的动力。今日，虽然他们毕业多年，但很希望他们可以看到此书，想必他们也会和我一样喜悦吧。另外，要感谢尊敬的兄长何沛安先生和好友杨爱民先生，没有他们的周到安排和鼓励，此次新的考察和研究就不能这么顺利。另外，三秦出版社的高峰先生，也多次交流意见并多次致电慰问和鼓励，在此一并感谢。

此书将要问世，内心十分欢喜，也有些许的惴惴不安。由于译者水平有限，一定有不妥之处，恳请各位方家批评指正，我将不胜感激。

翁建文

于西安古新巷

2012 年 10 月 18 日